Ruth Stützle
Die Botin

Ruth Stützle

Die Botin

DAS ETWAS ANDERE LEBEN DER »BEUREMER ELSA«

Gedruckt mit freundlicher Unterstützung
des Arbeitskreises Heimatpflege im Regierungsbezirk Tübingen e. V.

Abweichungen von der gängigen Stilistik und Orthographie
sowie den üblichen Satz- und bibliographischen Regeln
sind von der Autorin ausdrücklich gewünscht.

3. Auflage 2008

© 2001/2008 by Silberburg-Verlag GmbH,
Schönbuchstraße 48, D-72074 Tübingen.
Alle Rechte vorbehalten.

Umschlag: Frank Butzer, Tübingen, unter Verwendung eines
Fotos von Manfred Grohe, Kirchentellinsfurt.
Druck: Gulde-Druck, Tübingen.
Printed in Germany.

ISBN 978-3-87407-811-5

Besuchen Sie uns im Internet und
entdecken Sie die Vielfalt unseres Verlagsprogramms:
www.silberburg.de

Inhalt

7 Wege zu Elsa: Eine Einleitung

13 Der Ort Beuren bei Hechingen

18 Familiengeschichten

30 Elsas Ausdrucksweisen

    30 Elsas Sprechweise
    40 Dichten
    43 Fotografien von Elsa
    45 Elsas Religiosität

59 Spurensuche

    59 Elsas Weg
    69 Von Haigerloch bis Gammertingen
    82 Die Botengängerin
    90 Getragenes
    95 Aufgelesenes
    99 Elsas letzter Rucksack
    105 Die Betrachtung der Dinge
    110 Die Beschriftung der Dinge

119 Zwischen zu Tode lachen und zu Tode erschrecken

    119   Bühnenstück
    122   »Se war id wia andre«
    126   »Des isch en arma Deifl gsei, d'Elsa, ganz gwieß wohr.« Die NS-Zeit

143 Rückblick

147 Anhang

    147   Bestandsaufnahme der religiösen Gegenstände von Elsa
    152   Rückseiten der beschriebenen Zettel
    156   Bildnachweis

157 Literaturverzeichnis

165 Anmerkungen

Wege zu Elsa: Eine Einleitung

Elsa Saile, 1910 in Beuren (Hohenzollern) geboren, weitherum bekannt unter dem Namen »Beuremer Elsa« oder »Vogts Elsa«, ist mit der Gegend um Mössingen und Hechingen verbunden wie kaum jemand. Durch ihre Botengänge kannte sie jeden Stein und jedes Haus mit seinen Bewohnern – und noch mehr kannten sie. Auch heute noch können viele spontan eine Geschichte über sie erzählen, jede und jeder seine eigene Elsa-Geschichte, wohlgesonnene und weniger wohlgesonnene. Geschichten, die in diesem Buche nicht erzählt werden oder die Begonnenes weitererzählen würden, vielleicht ganz anders. So kennt jede eine eigene Facette von Elsa[1], jedem ist etwas anderes im Gedächtnis geblieben: etwa ihre genagelten großen Schuhe und der schwarze Mantel, ihr Rucksack und all die anderen Dinge, die sie schleppte, oder ihr Beten und Singen, wenn sie unterwegs war, auch ihr Schimpfen und Dichten. Doch allen gemeinsam ist, dass Elsa »einen Weg« in unsere Erinnerung gefunden hat, mag dieser auch ganz unterschiedlich sein, auf angenehme oder auf unangenehme Art, so wie es Elsas tatsächlicher Lebensweg war.

Ungewöhnlich war sie in ihrem Tun und in ihrem Aussehen, aber nicht als Programm und nicht aus Profession, was sie außerhalb eines einzuordnenden Kontextes stellte und sie manches Mal in lebensgefährliche Situationen brachte. Sie war Grenzgängerin im tatsächlichen wie im übertragenen Sinn.

Fast täglich überschritt sie die Grenze zwischen Hohenzollern und Württemberg, also vom katholischen Beuren ins evangelische Belsen und Mössingen. Sie ist aber nicht nur Grenzgängerin zwischen katholischen und evangelischen Glaubenselementen, zwischen Jenseits und Diesseits, sondern die Grenzgängerei war auch ihr Beruf. Dieser Beruf selbst war im 20. Jahrhundert, noch dazu von einer Frau ausgeführt, ebenfalls ein Relikt über Zeiten, denn eigentlich gab es kaum mehr »Boten«. Dennoch umfasste Elsa Sailes Revier einen großen Teil von Hohenzollern, – von Gammertingen bis Haigerloch. Sie schleppte beim Hin- und Herkommen Dinge, die in zwei Zeiten gehörten: einerseits die Gebrauchsgegenstände der alten, hinabgedämmerten bäuerlich-handwerklichen Welt, andererseits den Abfall der Moderne, den sie auflas und bewahrte. Beide Welten kommen gleichermaßen zur Sprache. Drei Handwerker aus Mössingen und Belsen, zu denen Elsa Saile die Sachen zum »Richten« brachte, erzählen von sich, von Elsa und von den Dingen. Aber auch die Kehrseite der Dinge, der Abfall, kommt zu seinem Recht: in minuziöser Verschriftung wird seine Eigenheit festgehalten und erhält so den Status des zu archivierenden Kunstgegenstandes.

Im letzten Kapitel, das die Zwangssterilisierung, die Vergewaltigung und den Spott einkreist, wird das sprachliche Register gewechselt. Sozial- und lokalgeschichtliche Forschungen stützen die Aussagen, um die Sterilisationspolitik unter den Nazis zu beschreiben und zeigt deren bis heute gültige Stigmatisierungsmacht im Gerede der »Leut«. Die Elsa war als Frau auch deshalb randständig, weil sie sich nicht in weibliche Grenzen schicken, sich nicht hatte fügen wollen.

Auf Elsa aufmerksam wurde ich durch die Ausstellung »Grenzüberschreitungen« im Mössinger Rathaus 1996[2]. Als sozusagen »vertraute Fremde«, da sie zwar allen bekannt war, eine Einheimische ist und trotzdem in vielen Dingen Befremden hervorgerufen hat, führte ihre Figur in die Ausstellung ein. Ich war erstaunt, dass sie im 20. Jahrhundert geboren ist und damals seit drei Jahren im Altersheim in Hechingen lebte. Bald danach wurde sie in das Pflegeheim nach Haigerloch verlegt, wo sie das Reden vollständig aufgab. Im Frühjahr 1997 besuchte ich sie zum ersten Mal im Marienheim in Hechingen[3]. Ihre eigene Art und das Gespür jemanden vor mir zu haben, die sich ein Leben lang nicht von »ihrem Weg« hat abbringen lassen, faszinierten mich. Es folgte eine lange Zeit, angefüllt mit vielen Gesprächen[4] und Recherchen mit ihr und mit

WEGE ZU ELSA: EINE EINLEITUNG

den Handwerkern, Kaufleuten, Verwandten und Bekannten. Das allein ergab ein Material von über 120 transkribierten Seiten, die dann zunächst in eine Magisterarbeit am Ludwig-Uhland-Institut für Empirische Kulturwissenschaft in Tübingen mündeten.

Für das Buch habe ich die Magisterarbeit noch einmal überarbeitet und den methodischen Teil der besseren Lesbarkeit Willen fast vollständig weggelassen. Nur wenige Punkte möchte ich hier in aller Kürze anfügen: Zunächst sollte die Magisterarbeit ein Versuch der Verlagerung von »großen Geschichten«, von bedeutenden, meist männlichen Persönlichkeiten und politischen Ereignissen sein, hin zur Geschichte derjenigen, die bisher wenig Beachtung und Öffentlichkeit gefunden haben, oder, wie Konrad Köstlin es einmal formulierte: »*Die regionale Ethnologie des Eigenen und des Nahen macht das, was bisher nur in exotischen Welten gesucht wurde, in der Heimat erfahrbar. (...) In diese Zugänglichkeit des Nahen gehört die Ideologie des genauen Blicks, wie ihn die Kulturwissenschaften entwickelt haben. Nicht mehr das Große, Ferne, Monumentale soll ins Auge gefasst werden; oft genügt das Kleine, Nahe.*«[5] Außerdem hat sich in den letzten Jahrzehnten das »Alltagsleben« sehr rasch verändert und verändert sich weiterhin rasant, sodass frühere Lebens-, Denk- und Arbeitsweisen immer schwerer vorstellbar werden. Auch ich bekam, je länger mich dieses Thema beschäftigte, den Eindruck, dass Elsa Saile, die Handwerker, zu denen sie ging, und die Dinge, mit denen sie zu tun hatte, Zeugen einer anderen Zeit sind.[6] Hauptsächlich aber, und das entwickelt sich selbstverständlich aus dem zuerst erwähnten Anliegen, wollte ich die Geschichte von Frauen mit zum Teil nicht herkömmlichen wissenschaftlichen Methoden, d. h. unter Berücksichtigung der vielfach diskutierten literarischen Ebene, hörbar machen. Das Eigensinnige eines Frauenlebens interessiert mich im Besonderen. Auch dafür gibt es weibliche Vorbilder aus der Region. Zwei davon möchte ich erwähnen, da ich unmittelbar zuvor auf sie gestoßen bin. Zum einen war der Band »*Die 100 Jahre der Marie Frech*«[7] und ein Besuch in ihrem Haus in Fellbach Anlass und Vorbild zugleich zur Verwirklichung einer solchermaßen angelegten Arbeit. Überzeugt hat mich die Vielfalt des benutzten Quellenmaterials, anhand dessen eine lebendige Vielschichtigkeit des Lebens der Marie Frech vermittelt wird. Zum anderen war es Maria Bidlingmaier, die auf eine ganz andere Art und Weise eigenwillig war, nämlich in der Vorgehensweise, wie sie ihre Studie »*Die Bäuerin in zwei Gemeinden Württembergs*«[8] betrieb. Durch Maria Bidlingmaiers sorgfältige Beschreibungen des Tuns der Bäuerinnen in den zwei Dörfern ihrer Heimat, Lauffen am Neckar und Kleinaspach bei Heilbronn, zeigt sie sehr detailliert, wie sich der wirtschaftliche Wandel (besonders in Lauffen) auf jeden Handgriff der Frauen niederschlägt. Jedoch ist es nicht in erster Linie der wirtschaftliche Wandel, den Elsa Saile berührte, im Gegenteil, Elsa Saile ist davon unbeeindruckt ihre Wege gegangen. Maria Bidlingmaiers Studie lässt andere gedankliche Brücken zu Elsa Saile schlagen, denn Bidlingmaier verdeutlicht, wie andere Gegenstände, sei es nur der »Spätzlesdrucker«, andere Handgriffe, andere Bewegungsabläufe erfordern. Ganz zu schweigen davon, dass andere Materialien gefühlt, andere Formen gesehen und letztendlich andere »Spätzle« gegessen werden. Wie also Dinge, und diese sind zentral im Leben der Botin Elsa Saile, das Denken und die körperliche Befindlichkeit verändern können. Drei unterschiedliche Frauen aus der näheren Region, die in ähnlichen bescheidenen Verhältnissen aufgewachsen sind. Jede hat auf ihre Weise ein eigenwilliges Leben geführt und doch gibt es Überschneidungen und Berührungspunkte. Ihr Vergleich ist hier jedoch nicht das Thema, sondern ihre Erwähnung soll in Kürze durchscheinen lassen, durch welchen Einfluss u. a. es zu der Biographie von Elsa Saile gekommen ist.[9]

Professor Barbara Duden und ihrem Freundeskreis verdanke ich tiefgreifende Anregungen und eine freundschaftliche unvergessliche Zeit in Bremen. Bedanken möchte ich mich bei Professor Utz Jeggle, auch für seine Unterstützung zu diesem Buch. Bei all denjenigen in Beuren, Belsen, Mössingen und Hechingen möchte ich mich bedanken, die Elsa zugehört und mir von ihr erzählt haben. Selbstverständlich darf ich sie hier

WEGE ZU ELSA: EINE EINLEITUNG

nicht namentlich nennen und alle im Buch vorkommenden Namen sind geändert. Der Museumsleiter Hermann Berner hat durch seine Ausstellung nicht nur den Anstoß gegeben, sondern hat mir bei meinen Recherchen immer wieder auf eine selbstverständliche Art weitergeholfen, dafür herzlichen Dank. Das Stadtarchiv Hechingen unter Herrn Jauch, die Hohenzollerische Heimatbücherei in Hechingen und Herr Zekorn vom Kreisarchiv Balingen standen mir ebenfalls hilfreich mit Rat und Tat zur Seite.

Danken möchte ich auch meinen Eltern, von denen ich viel gelernt habe, ebenso meinen Geschwistern und FreundInnen für ihre Ratschläge und Unterstützung. Für die Auszeichnung mit dem ersten Landeskundepreis des Arbeitskreises Heimatpflege im Regierungsbezirk Tübingen möchte ich mich besonders bedanken, da hierdurch eine Drucklegung erst möglich wurde.

Elsa Saile ist fast 94-jährig am 15. August 2004 gestorben und auf dem Beurener Friedhof unter ihrem für die meisten Leute völlig unbekannten Taufnamen Anna-Maria begraben.

Ruth Stützle

Beuren bei Hechingen

Der Ort Beuren bei Hechingen

Beuren liegt hoch über dem Starzeltal auf einem von Braunjuraschichten gebildeten Plateau. In unmittelbarer Nähe beginnt der Steilanstieg zur Albhochfläche mit dem markanten Eckpfeiler des Dreifürstensteins. Der Ort liegt 684 m über dem Meeresspiegel. Die Höhenunterschiede zur benachbarten Umgebung sind beträchtlich: das Starzeltal bei Schlatt liegt 130 m tiefer, das Steinlachtal bei Mössingen 210 m, der Fürstenstein überragt das Dorf um 170 m. Die exponierte Lage des Ortes ist landschaftlich sehr reizvoll, andererseits waren die Verkehrsverbindungen zu den Tälern bis in die jüngste Vergangenheit umständlich und beschwerlich. Beuren hat also eine Zwischenlage und die ca. 160 Einwohner sind sich ihrer separaten Lage sehr wohl bewusst: Ungern lassen sie sich von außen etwas vorschreiben, wie die Orts- und Schulchronik in mehreren Beispielen zeigt. Diese Zwischenlage beeinflusste nicht nur Elsas Leben als Botengängerin, sondern kann als Sinnbild für ihr gesamtes Leben gesehen werden.

Als erste urkundliche Erwähnung wird das Jahr 786 genannt. Wegen der Existenz mehrerer gleichnamiger Orte lässt sich das in einer Schenkungsurkunde an das Kloster St. Gallen genannte »Purrom« aber nicht zweifelsfrei zuordnen. Die erste sichere schriftliche Nachricht findet sich in den Zwiefaltener Chroniken unter dem Jahr 1137/38: »*Egino de Zolro, filius Udilhildae, dedit villam Burron nuncupatum, iuxta Slata sitam.*«[10] Es handelt sich hier eindeutig um unser Beuren (»iuxta Slata sitam« = bei Schlatt gelegen) und gleichzeitig wird es als im Besitz der Zollern befindlich genannt. In den folgenden Jahrhunderten gehört Beuren, in enger Verbindung mit Hechingen, immer zur Stammgrafschaft der Zollern. Im 16. Jahrhundert wird Beuren dem Amt Schlatt zugeordnet, ist nach der zollerschen Erbteilung im Jahre 1575 Bestandteil der Grafschaft Hohenzollern-Hechingen, ab 1623 Fürstentum und von 1850 bis 1945 unter preußischer Verwaltung. Nach der Auflösung Preußens gingen die Hohenzollerischen Lande im neu gegründeten Bundesland Baden-Württemberg auf. Die Gemeindereform von 1972 brachte das Ende der Selbständigkeit. Beuren ist seitdem Teilort der Kreisstadt Hechingen.

Bis zum Jahre 1806 berührten sich auf dem Dreifürstenstein die Herrschaftsgebiete von Württemberg, Hohenzollern-Hechingen und Fürstenberg. Die Erzählung vom Treffen der drei Fürsten am so genannten Dreiländereck kam erst um 1850 auf und ist wohl aus der romantischen Neigung des 19. Jahrhunderts zu erklären.

Die Markung Beuren (356 ha) zeigt eine deutliche Zweiteilung: große geschlossene Grundstücke und in kleinere Parzellen eingeteilte Fluren. Die großen Grundstücke verweisen auf den 1780 abgegangenen Spechtsharthof: Hofgärtle, Hofberg, Hofwasen, Hofwäldle, Hofstätt. Die Flurnamen Brühl und Breite deuten auf einen früheren Maierhof hin. Auchtert und Stelle erinnern an den alten Weidebetrieb. Tiergarten und Planken leiten sich von Einzäunungen her. Auf dem Schelmenwasen wurde das verendete Vieh vergraben. Herdle, Schachenhart, Holzwiesen deuten auf ehemaligen Wald oder Waldnähe hin. Mark bedeutet Grenze und Killsteig schließlich erinnert an den alten Kirchweg ins Tal.[11]

Kirchlich war Beuren von alters her mit der Pfarrei Hechingen verbunden. Der Flurname Killsteig (1435 Kilchsteig)[12] ist Hinweis auf einen uralten Weg zur Mutterkirche nach Hechingen. Selbst die Toten fanden bis zum Jahr 1815 ihre letzte Ruhe auf dem Gottesacker in Hechingen. Eine eigene Kirche besitzt Beuren erst seit dem Jahr 1842. Offenbar existierten aber kleinere Vorgängerbauten. So wird aus dem Jahr 1545 von einer Marienkapelle und 1777 von einer Kapelle zum Hl. Kreuz berichtet. Die im spätklassizistischen Stil erbaute Kirche ist Johannes dem Täufer geweiht. Als Filialkirche der Stadtpfarrei Hechingen oblag den dortigen Geistlichen die Abhaltung der Gottesdienste. Seit dem Jahr 1947 ist Beuren Filial von Schlatt und wird kirchlich von dort aus betreut. In der Reformationszeit blieben die Einwohner von Beuren als Untertanen der

Die Beurener Dorfkirche

DER ORT BEUREN BEI HECHINGEN

katholischen Grafen von Hohenzollern-Hechingen beim alten Glauben. Die benachbarten württembergischen Ortschaften traten zum evangelischen Glauben über, sodass die politische Grenze auch zur Religionsgrenze wurde.

Bis zum Anschluss an die Kreiswasserversorgung im Jahr 1957 litten die Beurener immer wieder unter Wassermangel. Die erste Wasserleitung führte von einer Quelle unterhalb des Traufhangs beim Dreifürstenstein in hölzernen Deicheln (Röhren) ins Dorf. Im Jahre 1887 wurden die Holzrohre durch Eisenrohre ersetzt und das Wasser in zwei Brunnenstuben an der östlichen Seite des Dorfes in die Dorfmitte geleitet. Durch Erdrutsch, starke Niederschläge und Trockenheit kam es immer wieder zur Unterbrechung der Wasserzufuhr. 1949 mussten die Bewohner von Beuren ihr Wasser in Kannen und Eimern im Waldtal des Heiligenbächle holen. Nach einer Zwischenlösung, bei der das gefilterte Bachwasser mit einer elektrischen Pumpe zum Dorfbrunnen gefördert wurde, kam dann mit dem Anschluss an die Zentralwasserversorgung das Ende der Wassernot.

Haupteinnahmequelle der Bewohner war die Landwirtschaft. *»Am 1. Dezember (1897) fand eine Viehzählung statt, wobei 135 Stück Rindvieh, 100 Schweine, 3 Ziegen, 5 Enten und 205 Schafe ermittelt wurden.«*[13] Zwei Jahre zuvor wurde eine Gewerbezählung gemacht. *»Das Ergebnis in hiesiger Gemeinde war: 44 Haushaltungen, 70 männliche und 97 weibliche Personen; bei 37 Hausvorständen war die Landwirtschaft, und bei nur 2 ein eigentliches Gewerbe als Haupterwerbsquelle angegeben.«*[14] Neben Ackerbau und Viehzucht spielte der Obstbau eine bedeutende Rolle. Eine Vielzahl von heute zum Teil nicht mehr bekannten Apfel- und Birnensorten sowie Kirschen und Zwetschgen wurden angebaut und zum Verkauf gebracht. 1922 wurden 27 Sorten Birnen gezählt: *»Früh-, Feigen-, Wein-, Spitz-, Schillings-, Most-, Brat-, Zucker-, Palms-, Brindles-, Butter-, Eier-, Sand-, Herren-, Kraut-, Dickstieler-, Kaiser-, Wadel-, Schnabel-, Zweibutzen-, Pastoren-, Hagen-, Schweizer Wasser-, Mehl-, Holz-, Heu-, Seilbirnen.«*

Sowie 25 Sorten Äpfel: *»Frühäpfel, Ziegelwiesen, Windmacher, Schafnasen, Luiken, Zitronen, Goldpermäne, Goldreinette, Kauf Alexander, Spießlinger, Wein-, Zwerg-, Paradies-, Beugen-, Winter-, Leer-, Roll-, Fliegen-, Fleiner-, Butter-, Kohl-, Stoffele-, Ablacher-, Blutschwitzer-.«*[15] Dazu kam der Hausierhandel mit selbst hergestellten Holzwaren (Wellhölzer, Kochlöffel, Kartoffelstampfer, Kleiderbügel, Stopfeier) und mit Textilien. Mit diesen Waren bereisten die Beurener Hausierer (1922 wurden 20 angegeben) den ganzen südwestdeutschen Raum, von Konstanz bis Heidelberg, von Ulm bis Lörrach. Auch der Stuttgarter Weihnachtsmarkt wurde regelmäßig besucht.[16]

Die Verkehrsverbindungen und der Zustand der Straßen gab jahrzehntelang Anlass zu Klagen und Beschwerden. Da es keinen Laden und keine Handwerker in Beuren gab, musste alles vom Tal hochgeschafft werden, so wurde 1922 in der Chronik geklagt: *»Es kostet viel Porto, Fracht, Botenlohn, Fährgeld, Fuhrlohn.«*[17] Seit etwa 1840 bestand eine Vicinalstraße (Landstraße) nach Schlatt im Killertal. An manchen Stellen war sie so steil, dass beladene Wagen nur mit Mühe ins Dorf geschafft werden konnten. Im Jahr 1864 erfolgte ein Neubau. Noch 1926 wurde die Straße als schlecht bezeichnet. Eine Straßenverbindung nach Mössingen ins Steinlachtal existiert erst seit 1972 und musste gegen erheblichen Widerstand durchgesetzt werden. Bis dahin sind alle Beurener den Fußweg gegangen, den Elsa ein Leben lang ging.

Heute hat die Landwirtschaft in Beuren kaum mehr Bedeutung. Es gibt einen Aussiedlerhof, der einen Großteil der Flächen bewirtschaftet. Bauern von Schlatt aus dem Tal haben Grundstücke gepachtet. Die meisten Einwohner verdienen sich ihren Lebensunterhalt außerhalb des Dorfes. Neben dem alten Ortskern hat sich ein bescheidenes Neubaugebiet entwickelt. Geblieben ist die schöne Lage Beurens, die, besonders am Wochende, Wanderer zum Dreifürstenstein oder in die Wachholderheide mit ihren seltenen Pflanzen, anzieht.

Familiengeschichten

Über das erste Lebensjahr von Elsa, der Zeitspanne zwischen dem Herbst des Jahres 1910 und dem Herbst 1911, davon sollen die Berichte in den Orts- und Schulchroniken von Beuren erzählen. Die Schreiber vermitteln uns lebhaft die Atmosphäre dieses Ortes und jener Tage und das, was die Beurener in diesem Jahr beschäftigte, bewegte, bedrückte und auch freute.

»Die Ernte (des Jahres 1910) begann infolge des nassen Wetters sehr spät. Obst, besonders Birnen, gab es sehr viel. Frühobst wurden cirka 200 Ctr (Zentner) verkauft, der Ctr zu 4 M. (Mark). Spätobst (besonders Most und Schillingsbirnen) wurden ungefähr bis 1000 Ctr verkauft (à 4–5 M.). Der Spätherbst war noch recht schön, sodass die Feldarbeiten noch ordentlich vollendet werden konnten. Doch infolge des nassen Sommers war der Boden so durchnässt, dass die obere Schicht des Ackerbodens eine fast undurchdringliche Krume bildete und die ältesten Bewohner des Dorfes sich nicht erinnern können, dass die Äcker je mit solcher Mühe zu bestellen waren. Trotz der nassen Witterung hatten sich den Sommer hindurch die Mäuse in schrecklicher Weise vermehrt. Doch können wir hier nicht von einer derartigen Plage sprechen, wie die Bewohner der benachbarten Alborte (Salmendingen, Ringingen u. a.). Der erste Schnee stellte sich am 16. November ein.

Der Winter war streng und dauerte bis anfangs April. Der Frühling setzte anfangs Mai mit heiteren und schönen Tagen ein. Die Witterung war so mild, dass in kurzer Zeit die Wiesen grünten und die Bäume in ihrer Knospenentwicklung sehr schnell vorangingen. Die Kirschbäume entfalteten eine Blütenpracht, wie man herrlicher nichts denken kann. Die Hoffnung auf eine gute Ernte erfüllte sich vollauf. Auch die übrigen Obstbäume zeigten eine reiche Blütenflora. Aber da in der Zeit der

fruchttragenden Sorte (Feigel- und Spitzbirnen) Regen eintrat und das Befliegen der Blüten durch die Insekten verhindert wurde, so durfte auf eine Ernte dieser Bäume nicht gerechnet werden. Spätere Sorten, wie Luigen, zum Teil auch Mostbirnen, versprechen eine geringe bis Mittelernte. Der Sommer 1911 war heiß und trocken, infolgedessen vermissten wir in Beuren auch den Regen in unserer Wasserleitung. Der untere Dorfbrunnen stand 5–6 Wochen ganz leer und am oberen Brunnen bei der Linde musste eine gewisse Zeit des Tages zum Wasserholen begrenzt werden. Infolge der heißen Witterung waren die Früchte schneller gereift als je. Die Ernte war drei Wochen früher wie sonst. Im Allgemeinen fiel das Erträgnis gut aus. Haber nur zum Teil, was später gesät wurde, in seiner Entwicklung zurückgeblieben. Heu war in Quantität und Qualität gut. Öhmd gab es fast gar keines. Auch die Kartoffeln wurden bedeutend früher eingeheimst wie andere Jahre. Eine Eigentümlichkeit wurde wahrgenommen, daran sich die ältesten Bewohner nicht entsinnen können. An den eigentlichen Ernteknollen trieben nämlich wieder neue hervor und entwickelten sich daraus wieder neue Gewächse. Die Ernte fiel recht minimal aus. Im Frühjahr des Jahres 1911 bezog der hiesige Obstbauverein cirka 150 Hochstämme aus der Baumschule Hopfau. Die Bäume wuchsen schön; aber infolge der Trockenheit wurde das Laub an vielen welk während des Sommers. Ob die Bäume zu Grunde gehen oder weiter leben, wird das kommende Frühjahr zeigen. Der Regen setzte noch rechtzeitig ein, sodass die Wintersaat und die übrigen Feldarbeiten gut bestellt werden konnten. Da die Futtervorräte minimal waren, musste man sich mit Streulaub versehen. Da hier sehr viel Privatwaldungen vorhanden sind, so geschah das Rechen des Laubes meist in diesen. Von Seiten der Königlichen Regierung wurde das Füllen von Säcken (Exportsäcke) zu Sack 10 d (denar = Pfennig) erlaubt. Wurde aber nicht Gebrauch gemacht davon. Unsere Leitung erhielt weitere Speisung durch oben erwähnte neugefundene Quelle. Nach der Fassung lieferte unser Brunnen 15.552 l Wasser, sodass es auf jeden Kopf ungefähr 150 ltr traf, somit war der Wasserkrieg beendet. Die neue Arbeit belief sich auf cirka

1300 M. Die Arbeit wurde begünstigt durch herrliche Tage des Spätherbstes.
In Angst und Schrecken wurden wir versetzt durch eine Serie von Erdbeben, die einsetzte am 16. November. Das stärkste war am 16. abends 10. 26, das 15 Sekunden dauerte. Die Wirkung war eine ergrauende. Die Uhren standen sofort still. Leichte Gegenstände wurden umgeworfen, cirka 15 Kamine demoliert. Die Angst war derart, dass alles die Wohnung verließ und unter freiem Himmel kambierte. Es folgten auf diesen Stoß noch ungefähr 18 leichtere Erschütterungen. Die Nacht vom 17.–18. verbrachten wir im Freien auf der Straße nach Schlatt, wo Feuer angemacht waren. Doch kamen nur noch 2 leichte Stöße. Beim ersten kräftigen Stoße am 16. abends 10.26 hörte unsere Wasserleitung plötzlich auf zu fließen und setzte erst wieder ein um 2.30, und zwar so verstärkt, dass angenommen wird, es habe sich eine neue Ader unserer Leitung zugesellt. Vor den Geiseln des Erdbebens: Bewahre uns o Herr! Auf die Erdbeben folgte eine recht ungemütliche Witterung, vor allem orkanartiger Sturm, dem am 20. November Schnee folgte. Es folgten noch eine Menge Erderschütterungen.«[18]

In diesen Spätherbst, am 13. Oktober des Jahres 1910, wurde Elsa als erstes von vier Kindern hineingeboren. Die besondere Mühe der Feldarbeit und die Mäuseplage werden sie noch kaum berührt haben. Jedoch die Kälte und Dunkelheit des langen Winters und den plötzlichen Wandel durch den hereinbrechenden Frühling, wird auch die kleine Elsa gespürt haben. Die Ernten des Getreides, Heu und Öhmd, der Kirschen, Birnen, Äpfel und Kartoffeln, bekam Elsa im Gras oder am Feldrand von ihrer Mutter abgelegt, höchstens durch Gerüche und Geräusche mit, während ihre Eltern arbeiteten. Kaum ein Jahr alt wurde sie durch Erschütterungen, Geschrei und Aufregung aus dem Schlaf und Bett gerissen. Es war ein Erdbeben, verursacht durch den nahe gelegenen Zollern-Graben, das sich in dieser Stärke erst wieder im Mai 1943 wiederholen sollte.

Ihre Eltern waren Maria Saile, geborene Stumpp, und Josef Saile aus Beuren.[19] Die Mutter kam aus dem etwa 30 km entfernten Trochtelfin-

gen und erzählte gerne, dass sie von dort mit einer goldenen Kutsche zur Hochzeit nach Beuren gefahren sei. Elsas Kusine Flavia K., geborene Stumpp, die letzte der Verwandten mütterlicherseits, erinnert: Elsas Mutter Maria stammte ursprünglich aus einer wohlhabenden Familie. Marias Vater war ein Müllerssohn von der Mühle bei Mariaberg (heute ist dort das Elektrowerk untergebracht) und heiratete nach Trochtelfingen die Tochter eines Webers, von dem sie, Flavia, immer noch Gewobenes hat, das sie in Ehren hält. Dort hatten die Eltern Marias den größten Bauernhof mit zwei Scheunen. (Er wurde vor zwei Jahren abgerissen.) Doch Marias Leben wurde von mehreren Tragödien gezeichnet. Die Mutter sei, als sie viele Goldmark geerbt habe, nach Amerika abgehauen und habe ihren Mann und die zwei Töchter und Söhne im Stich gelassen. Elsas Mutter erzählte in Beuren öfters, wie sie schon als kleines Mädchen mit 6 Jahren 11 Kühe habe melken können, was ihr aber nicht so recht geglaubt wurde. Währenddessen habe der Vater eine Magd aus Ringingen gehabt, und die habe auch ein Kind von ihm bekommen. Nach zwei Jahren sei die Mutter, nachdem sie alles durchgebracht habe, wiedergekommen und Marias Vater habe sie mit 4 Schimmeln von Hamburg abgeholt. Der Vater ist dann mit 40 Jahren gestorben, wahrscheinlich an Magenkrebs. So jedenfalls habe das ihr Vater, Marias Bruder, erzählt. Durch die Inflation sei dann das viele Geld »flöten« gegangen und der Bauernhof wurde verkauft. Wie sich alles genau zugetragen hat, weiß Flavia K. auch nicht, *»aber alles ging kaputt«*. Marias Mutter ist dann zu Marias Schwester nach Gammertingen gezogen, die dort einen Buchbinder (Decker) geheiratet und ein Geschäft gehabt hat. (Auch dieses Haus musste in den letzten Jahren einem Neubau weichen.) Zu dieser Tante ist Elsa öfters von Beuren, eine Wegstrecke beträgt ungefähr 25 km, zu Fuß gegangen. *»Mei Dodda en Gamerdenga«*, sagte sie oft. Wohin allerdings Maria nach dem Verkauf des Hofes ging, ob sie schon verheiratet war und wie sie Josef Saile kennen lernte, *»vielleicht durch Kuppelei, das war zu dieser Zeit üblich, aber wahrscheinlich über die ›Gammertinger‹«*, das weiß Flavia K. nicht genau. Doch sie erinnert, wie sie mit ihrem Vater und der ganzen Familie mit der Kutsche nach Beuren hochgefahren ist, ihre Tante Marie besuchen. Dann habe der Vater immer »*gedebert*« und die Mutter geschimpft, »*weils nichts mehr war, viel sei nebanaus ganga, dabei hätten die viel Obst und Sach ghabt.*« Ihr Vater habe immer gesagt, die Maria kann sich nicht gegen diesen Saile durchsetzen, »*und wies halt ist, wenn man nichts sagen darf, zuletzt hätte die Maria keinen eigenen Willen mehr gehabt und sogar einen Pfleger gebraucht.*« Aber ihr Vater habe seine Schwester nie im Stich gelassen. Nun, die Maria sei nicht gerade eine gescheite gewesen, aber vom Elternhaus wäre da nichts Behindertes gewesen, antwortete sie auf meine Frage, »*aber dieser Saile muss schon was gehabt haben.*« Ob ich meine, dass die Elsa auch einen »*Fitzer*« habe, fragte Flavia K. mich.

Josef Sailes Familie stammt aus Beuren. Josefs Vater Michael war Vogt (Bürgermeister) von Beuren. Von Josefs Mutter hingegen ist nichts bekannt. Elsa trägt auch heute noch den Beinamen Vogts-Elsa. Die Orts- und Schulchroniken berichten am 27. März 1895 von der Vogtwahl. »*Die meisten Stimmen (17) bekam der bisherige Vogt M. Saile und wurde auf weitere 6 Jahre sofort bestätigt.*«[20] Und im Jahre 1905 ist eingetragen: »*Am 16. Juni haben seine Majestät dem Bürgermeister Saile von hier das allgemeine Ehrenzeichen zu verleihen geruht, nachdem er 33 Jahre sein Amt zur Zufriedenheit seiner Vorgesetzten verwaltete.*«[21] Josefs Bruder Anton – es waren nur zwei Söhne – wurde Pfarrer: »*so a kleis Male ond hot en Bart ghed.*«[22] Auch von ihm ist eine kurze Notiz in der Orts- und Schulchronik enthalten: »*Am 14. Juli 1901 hielt der Hochwürden Neupriester Anton Saile, des Michael, Vogt, von hier seine Primiz.*«[23] Ein ganz anderes Bild, als das, welches Flavia K. aus Trochtelfingen von Elsas Mutter zeichnete, wurde in Beuren von der »Reigschmeckda« gemacht. Geistig zurückgeblieben sei sie gewesen, wahrscheinlich durch »Inzucht«, wie das auf den Dörfern öfters passiere und das habe sich auch auf die Kinder vererbt, meinte Herr V.: Man darf es ja nicht mehr sagen, mit der Erblehre, aber irgendwo stimmts halt doch, das hat doch schon der Pfarrer, der mit den Bohnen rausgefunden, aber da kam eben

von der anderen Seite nichts rechtes (von der Seite der Frau). Dass Maria »etwas mitgebracht hat«, das ist auch heute noch bei den älteren Leuten in Beuren bekannt: »*Diea war jo vo Trauchtlfenga* (Trochtelfingen) *ond war au betucht, also hod Geld brocht ond a Ausschdeir ond ällas. Desch wohr. Die hod ma zemmekupplad, wia ma gsaid hod friar. Dia hod ma zemmegschaffad, weagam Sach.*«

Elsa ist die Erstgeborene und wurde eigentlich auf den Namen Anna-Maria getauft. Dann wurde ihre Schwester Josefine geboren, ungefähr im Jahre 1917 Karl-Anton und Oskar etwa 1924. Alle Kinder seien zum Teil oder ganz von Pflegeeltern aufgezogen worden. Ob Elsa bei denselben Pflegeeltern in Stein gewesen ist wie ihre Schwester oder bei Verwandten in Stein, ist nicht ganz klar. Jedenfalls ist Elsa viele Male nach Stein gegangen und hat von ihrer »*Dodde en Schdoi*« erzählt. Immer wieder muss Elsa bei verschiedenen Leuten, in verschiedenen Ortschaften gewohnt haben. »*D'Elsa, dia war en Rengenga* (wahrscheinlich Ringingen bei Burladingen), *noa isch se ge Schdoi* (Stein bei Hechingen), *en d'Schual isch se z'Beira au.* (...) *En Obermarchtal* (bei Zwiefalten) *isch se au gsei, zom Schaffa, au a paar Johr. Deed isch se lang gsei*«, wussten die zwei Beurenerinnen. Die Schule hat Elsa in Beuren besucht. Nach der Schulzeit scheint Elsa zu Hause gewohnt zu haben.

Die Josefine habe nie in Beuren gelebt, sondern in Stein bei Hechingen bei »Friedrich und Anna«, so haben sie ihre Pflegeeltern genannt. »*Dia warad ledig, ond diea hand dia beschäftigt oifach ond agnomma.*« Josefine habe 40 Jahre beim »Trikot Maute« in Hechingen gearbeitet. »*Des war de Beschd*«, wurde deshalb gesagt. Später habe Josefine im Marienheim in Hechingen, wo Elsa ebenfalls war, gegessen und geschlafen. Dort ist Josefine auch gestorben, daran kann die Leiterin des Heimes sich noch genau erinnern, denn, auch wenn die Josefine sonst »*koi so a Mögige war, wia d'Elsa*«, hat sie ihr allen Respekt vor den einfachen Leuten abgefordert, wie sie sagt. Sie meinte damit, wie Josefine gestorben ist: Als sie merkte, dass sie sterben müsse, habe sie nichts mehr gegessen, nur noch ein Glas Milch am Tag getrunken, keine Medikamente mehr eingenommen, sondern sei in ihrem Stuhl am Fenster gesessen und habe hinaus geschaut und habe gewartet, bis es so weit war. Josefine wurde auf dem Hechinger Friedhof begraben. Zum Leidwesen von Elsa, die sie gerne im Grab in Beuren bei ihrer Mutter gehabt hätte. *»Ond mei Schweschdr, moi dia hot en Bruch ghet, so hauch. Dia isch gschdorba. Do moß se raus zo mir, ens Graba vo dr Muadr.«*

Karl-Anton, einfach Anton genannt, ist in Beuren aufgewachsen und hat nach den Erzählungen kein schönes Leben gehabt. Als Kind sei er am Tischfuß festgebunden worden, damit die anderen aufs Feld konnten. Sein kurzes Leben lang musste er bei den Beurener als Knecht hart arbeiten und hat dafür nicht einmal genug zu essen bekommen. Im Krieg ist er in Russland gestorben. *»Dr Anton hod koi schees Leaba ghed, der war do henna als Kneachd. Dia hand koine Kender ked. Dr alte Schultes, der war d'hälfte Zeit bsoffa. Dr Anton isch lang beiem gsei. No hotr zvill gassa, ond zwenig dau. Jo, dia wo koine Kendr hand, send ällaweil Deifl.«*

Der Jüngste, Oskar, wurde gleich nach der Geburt von den Fürsorgeschwestern mitgenommen und zu Pflegeeltern nach Betra, ein kleines Dorf zwischen Haigerloch und Horb am Neckar, gebracht. *»Also uf älle Fäll, wo der Oskar uf d'Welt komma isch, des was i no, hod mei Muadr en Schobba gea, hod ma damm des Kend, d'Fürsorgeweschter gholad. No isch der Vaddr Trappa nuf ond na gschbronga ond hod des Kend halt wella id her gea.«* Mit 14 Jahren ist Oskar plötzlich wieder nach Beuren gebracht worden, obwohl ihn die Pflegeeltern nicht mehr hergeben wollten. Wahrscheinlich »wegen dem Geld« so wurde vermutet, was tatsächlich sein kann, da der Staat 1938 für »solche Kinder« keinen Unterhalt mehr zahlen wollte. Oskar machte dann in Hechingen eine Lehre als Frisör, allerdings nur ein Jahr, dann musste er in den Krieg und ist wie sein Bruder in Russland umgekommen. Frau N.: *»Der hod Friser glernad, beim Haug en Hechinga«.* Frau B.: *»En scheena Kerle warer«.* Nachdem Frau B. dreimal immer wieder in das Gespräch eingeflochten hatte, dass Oskar ein schöner Kerl war, sagt Frau N. heftig: *»Ja schee, jo, aber hald do«*, und fasste sich an den Kopf. Worauf Frau B. erwiderte:

»Ja, aber trotzdem hedr id kenna Friser wära, wennr so domm gsei wär.« Doch Frau N. konterte: »Ja, dr ischs jo noid gsei.«
Die Sailes wohnten im unteren Teil des Dorfes. Dort hatten sie zwei Häuser, ein kleineres und ein größeres. Im größeren wohnten sie selbst und im kleineren hatten sie das Vieh, aber anscheinend keine Kühe, sondern nur Ochsen, sodass keine Milch im Hause war für die Kinder. »Se hond jo zwoi Heiser ghed, so klais ond no ois nebadan. Vom Boda hot ma en d'Schdub nei gseah, ond Trepp nauf isch ma glei onders Dach komma. Ond en dem kleina Haus hondse s'Vieh ghed. (...) Dia hond äll so alte Stier ghed, 20 Johr alt send dia Stier gsei, wose ällmol ghed hond.« Die Sailes hatten und haben immer noch viele Güter, Wald, Felder, Wiesen und Obstgärten. Sie zählten zu den Reichsten in Beuren, auch heute noch: »De Reichschde send diea ds Beira gsei, send diea heid no. (...) Obschd hodse schees ghed, on guade, viele, viele Beem ghed, Schillingsbira, Weibira, Brotbira, Weiäpfl, Feigabira, Schbitzbira, des hotse au ghed, erenerme dra, des hot se au ghed. Also Feld ond Wald hand sui de schendschde ghed. – Jo, kama saga. Hm, wia hoiaßatse denn, Grabawies, Breite, z'Buach, dr' obre Brialacker, ontrem Weag hotse nomml en Brial.«

Doch die beiden hätten nicht wirtschaften und nicht »schaffen« können: »Dia honds vrwirtschaftet, dia zwoa.« Zwar hätten sie auch Obst verkauft, doch, und das muss eine bekannte Geschichte in Beuren sein, so erzählte der Nachbar: »Der hot kenna Kadoffl em Wentr rausdoa, so wianers grad braucht hot.« Und die Beurenerin meinte: »Ho, dr Vaddr, der isch koin guada Schaffr gsei. (...) Der Josef isch au id gsei, wianer hed solla. Komischer Kauz gsei, a komischa. Der isch irgendwia, i woiß au idda, au id gsei, wianer hed solla.« Die Mutter, weiß sie weiter: »Dia war beschränkt, kama saga. Dia hod jo daffa mit neamad schwätza. Dia hondse ällaweil a weng en Gfangaschaft ghed, also eigschbirt.« Diese Erzählung über die Mutter stimmt hier mit der Erinnerung von Flavia K. überein. Der Vater ist 1927 gestorben. In mehreren Variationen wurde mir diese Begebenheit erzählt, auch von Personen, die es nicht selbst miterlebt haben. Der Wortlaut variiert nach Eigenheit der Person und ihrer Tätigkeit. Der Schuhmacher spricht z. B. von einem »Schuh voll Blut«: Der Vater sei nach Hause gekommen mit einem Schuh voll Blut, und da hätten sie ihn verbluten lassen bis er umgefallen sei und tot und hätten niemand geholt. Eine Ader sei wahrscheinlich geplatzt. Die Beurenerin Frau N.: »*Mitm Geld, der hots Geld, des war wia a weng a Geizkraga, der Vaddr, ond hod ällas Geld eigschbird en a Zelendr nei, wonar gschdorba isch, hot ma ibr dausad Mark gfonda. Der isch vrbluadad uffm Schduahl, do kame au no erennra. Hm, i woiß au idda, ischdr kriagsvrsehrt gsei oder wa, dr Vaddr.«* Herr V.: Der Vater habe anscheinend heftige Krampfadern gehabt. Beim Dreschen mit der Dreschmaschine sei eine aufgegangen und er sei daran verblutet. Die Frau sei nicht fähig gewesen, das Bein abzubinden oder jemanden zu holen, auch daran sehe man den geistigen Zustand. Frau B.: »*Jo, wa hod der ez au ghed, jo, der isch vrbludad, der hod Krampfodra ghed, den siehe heid no doliega.*«

Nach dem Tod des Vaters waren wahrscheinlich Elsa und Anton bei der Mutter zu Hause. Ob Elsas Mutter gleich nach dem Tod des Vaters unter Vormundschaft gestellt wurde und wann Elsa einen Vormund bekam, konnte ich nicht in Erfahrung bringen. Der Bruder des Vaters, der Pfarrer, schaute ab und zu nach den Kindern. Auch Flavias Vater, der Bruder der Mutter, kam zu Besuch. Verwandte waren noch in Gammertingen, in Sickingen und in der »Linde« in Burladingen. Elsa muss Kontakt zu ihnen gehabt haben, denn es wird immer wieder erzählt, dass Elsa sagte, jetzt müsse sie noch zu ihrer »*Doddabäs no Gamerdenga*«. Elsas Brüder sind dann beide in Russland umgekommen. Immer trug sie von ihnen ein Bild in ihrem Rucksack mit sich. Von ihrem Bruder Oskar erzählte Elsa mir, und dass er in Russland sei. Sie wartet immer noch, dass er irgendwann heimkommt, dann müsse sie auch nach Hause gehen. Elsa hat sich bis heute nicht mit seinem spurlosen Verschwinden in Russland abgefunden und sucht noch immer in Zeitungen und Todesanzeigen nach einer Meldung über ihn. Somit waren die beiden Frauen alleine. Die Landwirtschaft betrieben sie kaum mehr. Ihr damaliger Vormund er-

*An diesem Tag war Elsa besonders froh.
Der Grund war ihr neuer Rucksack.
(In der Waibachstraße Mössingen 1967.)*

zählte: – Ihre Felder, Äcker und den Wald haben sie nicht verpachtet, die wurden von anderen Bauern genutzt, die Elsa aber, soweit bekannt ist, nichts dafür gegeben haben. Dabei habe sie 6 ha schönste Wiesen und Felder, dazu noch Obstgärten und Wald, was Elsa genau weiß; sie sagte immer wieder, das sind meine Felder und das ist mein Wald. Manchmal habe sie geschimpft, dass die anderen ihr Obst stehlen und öfters habe sie auch gemeint, dass im Haus Sachen wegkommen. Die Mutter bekam ca. 350 DM Hinterbliebenenrente, aber Elsa und ihre Mutter hätten kein Verhältnis zu Geld gehabt. Das Geld, das sie gehabt hätten, hätten sie in Papier gewickelt und in Schuhen usw. versteckt. Oder die Elsa hat es in den Opferstock in der Kirche geworfen. Sonst haben sie etwas Obst von ihren eigenen Bäumen gehabt, meist Mostobst, von dem Elsa auch ab und zu Most machen ließ. Selbst angebaut haben sie sonst nichts. Nur von Brot und Wurst hätten sich die beiden Frauen ernährt. Der Herd sei immer kalt geblieben, höchstens eine »Sternchensuppe« zum Einrühren hätten sie gekocht. Auch im Winter hätten sie selten geheizt. Sie hätten unwahrscheinlich bescheiden gelebt. – Das Obst hat Elsa, so gut es ging, geerntet und etwas davon verkauft oder ihren Verwandten oder anderen Leuten gegeben. Sie erzählte mir: *»I haus maischd Obschd ghed, i hau veil dau, iberall haune nahgeaba, komm, komm, komm, älle haune geaba, ghed haunes, no haunes halt dau, älle geaba.«*

Elsa kam gerade von einem Botengang, da stand ihr Haus in Flammen. Die Mutter war noch im oberen Stockwerk des Hauses und Elsa musste schnell laufen, damit sie ihre Mutter die Treppe herunterbrachte. Beim Nachbarn hatte der Brand begonnen. Die beiden Wohnhälften waren aneinander gebaut. Wie so oft in Beuren, war wieder kein Wasser oder nicht genügend vorhanden. Das Haus verbrannte mit fast allem. Elsa und ihre Mutter lebten übergangsweise bei anderen Leuten in Beuren, bis ihre Haushälfte, wie sie jetzt steht, wieder aufgebaut wurde. Das war im März des Jahres 1954. Elsa erzählt: *»Bei meim Nochbr, desweaga hots doch bei mir au brennt. I be grannd, weaga der Muaddr, dass se no d'Schdäaga ra breng. Dann no d'Feirwehr, hoppa, send diea vo Messinga* komma. Dia andre hand nonz kenna, dia vo Beira, diea kennad nonz, dia kennad gar nonz. Vielleicht isch ez a bissle besser. No hod ma koi Wasser ghed. Des isch en Baddl gsei.«

Elsa lebte mit ihrer Mutter 11 Jahre lang zusammen im neuen Haus. Es war, glaube ich, ein zufriedenes Zusammenleben, jedenfalls hat Elsa ihre Mutter sehr gemocht: »*Mei Mama, mei Mama*«, habe sie oft gesagt. Sie erzählte, dass sie bis nach Mössingen gegangen ist, um »*mürbe Mutsla*« – eine Art Milchweck – für ihre Mutter zu holen: »*Do hots de beste mürbe Mutsla ge für mei Mama.*« Trotz des harten Lebens und des bescheidenen Essens ist Maria Saile 93 Jahre alt geworden. 1975 ist sie gestorben. Sie ist als einzige ihrer Familie auf dem Beurener Friedhof begraben.

*Elsas Haus in der Talstraße in Beuren,
wie es nach dem Brand von 1954
wieder aufgebaut wurde.*

Elsas Ausdrucksweisen

Widerfahrenes einverleiben, verdauen, verändert wieder ausspucken, als »Zeichen« dieses Prozesses kann ich vieles und in ausgeprägtem Maße bei Elsa »lesen«. Ihre Tätigkeit als Botengängerin ist ebenso Ausdruck eines Versuches, die Welt für sich zugänglich zu machen, wie dies auch in ihrer Sprechweise (Dichten), in der Art und Weise ihrer schriftlichen Hinterlassenschaft (Zettel) sowie in ihrer Nähe zum Bildhaften (sowohl ihre bildhafte Erzählweise und ihre Träume als auch ihre religiösen Bilder) und schließlich in ihrem engen Umgang mit dem Dinghaften (Dinge auflesen und für Dinge Botengängerin sein) immer wieder aufscheint. Ihr Erleben, ihre erlebte Körperlichkeit, findet in den Dingen und in ihrer Tätigkeit vielfältig seine Entsprechung. Und umgekehrt, die Dinge und Elsas Tätigkeit als Botengängerin prägen ihren Körper. Das eine kann bei Elsa nicht ohne das andere gesehen werden.[24]

ELSAS SPRECHWEISE

»Sie war fremd auf eine fundamentale Weise, sie unterschied sich in allem von den Einheimischen (Kleidung, Verhalten, Sprache, Vernunft, Konfession) und trotzdem war sie in Mössingen, Belsen und Beuren akzeptiert, als Außenseiterin integriert.«[25]

Unklar war mir zunächst, was an Elsas Art zu sprechen so anders sein soll, dass es als Unterscheidung von den »Anderen« auffällig wurde. Damit kann vermutlich nicht maßgeblich die Eigenheit ihres Beurener Dialekts gemeint sein. Zumindest nicht für die Menschen ihrer Umgebung, deren Sprache gleichermaßen vom lokalen Dialekt geprägt ist. Selbst mit dem Immer-wieder-Lesen des Interviews[26], das ich mit ihr führte, und

ELSAS AUSDRUCKSWEISEN

denjenigen mit anderen Personen über Elsa, bleibt eine Antwort schwierig. Sicherlich liegt das auch an der Verschriftung des gesprochenen Wortes, das gerade bei Elsa, unabhängig vom Dialekt, merkwürdig fern wirkt. Elsas Sprechweise und ihr körperliches Dasein, ihre Gestik und Mimik lassen sich durch kein Medium ersetzen, wie das über sie gemachte Video deutlich zeigt.[27]

Es ist schwierig, das »Früher« und »Heute« – die zeitlich auseinander liegenden Aussagen von »Anderen« über Elsas Sprechweise – , die Innensicht und die Außensichten (Fremdsichten) – wie Elsa ihr Sprechen empfindet und wie die »Anderen« es aufnehmen – , die Form und den Inhalt ihres Interviews unter den einen Hut »Elsas Sprechweise« zu bringen. Verwirrend widersprüchlich und verschieden sind die Aussagen über Elsas Sprechweise. Je nach Eigenart der Befragten fiel die Beurteilung anders aus. Auch meine ursprünglichen Versuche, in Elsas Sprechweise ein systematisches Muster zu finden, erwiesen sich als nicht hilfreich und hatte Einteilungen geschaffen, die Elsa nicht gerecht wurden und einem Verständnis eher im Wege standen. Eine Auflistung all ihrer Reden und aller Aussagen darüber hätten mich, so kam ich bald zu dem Schluss, ihr nicht näher gebracht, sondern entfernt, da die Übergänge fließend sind und in der Sprechweise Mitschwingendes nicht definitiv benannt werden kann. Deshalb werde ich beispielhaft vorgehen, widersprüchliche Aussagen gegenüberstellen und stehen lassen, anderes noch einmal in den jeweiligen Kapiteln aufgreifen und hoffen, dass am Ende eine Annäherung an Elsa möglich wird.

»So kanes, so kanes saga.«

Ganz selbstverständlich fragte Elsa mich, als ich sie im Altenheim besuchte, nach ihrem Haus, ihrem Bruder und nach Menschen und Orten, die sie kennt, so, als ob ich gleichermaßen alles kennen müsste.[28] Fragen an sie waren nur innerhalb einer Erzählung von ihr möglich, also nur, wenn sie gerade in das von ihr angeschnittene Thema passten, aber auch da beantwortete sie nur jene Fragen, die sie beantworten wollte. Sie gab mir mehrmals zu verstehen, dass sie mich nicht verstanden habe, weil sie schlecht hörte oder dass ihr das Reden schwer falle. Es wäre unmöglich gewesen, Elsa nach einem aufgestellten Fragenkatalog zu Begebenheiten ihres Lebens zu befragen.

»*Gsondheit, des isch d'Hauptsach*«, beginnt Elsa, so, wie es besonders auf dem Dorf üblich ist, um mit jemandem ins Gespräch zu kommen und doch ist es zweifelsohne gerade in Elsas Alter ein bestimmendes Thema. Auf meine darauf folgende Frage, wie es ihr geht, meint sie: »*So duats.*« Somit wäre der Anfang gemacht, und gleich fragt sie nach ihrem Haus in Beuren, nach dem sie sich bei jedem meiner Besuche erkundigt. Sie weiß nicht, dass es verkauft ist. Dann möchte sie wissen, ob ihr Bruder in Beuren ist und ob er noch lebt. »*Oskar Saile hoißdr, en Russland, do send jo alle*«, fährt sie fort. Ihren zweiten Bruder erwähnt sie nie. Sie deutet auf ihre Finger, besonders der kleine ist etwas gebogen, und sagt: »*Der duat wieder wai. Heit duats, gesterd hot'r wai dau. Jo, ma kan nix doa, i lass a wianr ischd.*« Weiter erzählt sie, dass sie immer gelaufen ist »*I be halt ez allaweil glaffa, sell isch d'Hauptsach*« und dass sie kalte Füße hat und meint dann »*So isch halt, isch halt ellweil no Wendr.*«

Ich frage sie, ob sie nicht mehr das Haus verlässt, da meint sie, »*be elleweil do, beada* (beten), *beada, so isch halt em Aldr, beada, mai kan i au idda, fir älle, wo gschdorba.*« Wer alles gestorben ist, wie oft sie schon gestorben wäre und für wen sie alles betet, streut sie immer wieder in das Gespräch ein. Kurz darauf sagt sie: »*Aber so dichda ka e nemme, wiane dau hau.*« Sie fragt wieder nach dem Bruder und nach ihrem Haus. Dann zeigt sie auf ihren Unterleib und sagt: »*Do hanne äbbas. En Bruch. Des hot dia dau. Do ond do* (zeigt sie). *I han nonz ghet, neana. Dia hot ells dau, do au.*« Sie fährt fort, dass ihre Schwester auch einen Bruch gehabt hat, die Schwester aber schon gestorben sei. Dann beteuert sie mir: »*So kane schwätza, waisch, so gohts. Moß halt langsamr doa, no ghots, no vrschdod ma me. No vrschdod ma me guat.*« Ich frage nach ihrer Mutter, da weicht sie aber aus und redet vom schönen Blumenstrauß. Von ihrer Mutter erzählt sie später noch in den verschiedensten Zusammenhän-

*Elsa im Marienheim über ihrer Tageszeitung,
die sie auch im Altenheim nicht missen wollte.*

*Das Marienheim in Hechingen. Hier verbrachte Elsa die Jahre,
bevor sie ins Pflegeheim nach Haigerloch kam. (1998)*

gen, von ihrem Vater nie. Zweimal frage ich nach ihm, aber jedes Mal wird sie laut und wechselt das Thema. Auf einen Fußschemel deutend meint sie, der sei noch von ihrer Schwester Josefine. Einige Personennamen verstehe ich nicht, doch von den Beurenern spricht sie allgemein und speziell vom Gasthaus Linde und seinen Bewohnern, da sie dort aus- und einging und von Frau B., die sie gepflegt hat, bevor sie ins Altenheim gebracht wurde. Immer wieder kommt sie auf die K.'s zu sprechen und auf die Begebenheit, dass Emma K. sie geschlagen hat.

Viel hat sie gearbeitet, betont sie: »*I hau veil dau, Arbat ghed, i haus kenna, no hannes halt dau, wenns neamad duat, i hau elles kenna, hau elles dau.*« Sie erzählt, was und wo sie gearbeitet hat: »*Grasad em Krautland, vor dr Kirch ällas gmahdad* (gemäht), *ufm Friedhof, do hane au älles dau.*« Später fragt sie mich: »*Kennsch du dia Hidde?* (Sie meint die Schutzhütte unterhalb des Dreifürstensteins.) *Ohh, deed hods Gras ghed. Do bene au gsei, da ganza Daag.* (...) *Mi hot ma halt gholad zo ällem* (...) *allas hanne messa holla, traga, desch äbbes gsei.*« Aber jetzt, so beklagt sie sich, besucht sie niemand. Immer wieder kommt sie darauf zu sprechen, was ihr alles gestohlen wurde, ihre Schuhe, Mäntel und ihre Brille. Die Rechen und Hacken vermutet sie, die jetzt noch in Beuren sind, die werden sie inzwischen auch gestohlen haben. Ausführlich erzählt Elsa, wie es sich zugetragen hat, dass ihr Haus abgebrannt ist. Zum Schluss kommt sie noch einmal darauf zurück, wie sie geschlagen worden ist. Ihre Stimme wird laut und aufgeregt. Sie lacht, aber nicht fröhlich.

Genau hinhören, zuhören, aufhorchen, auf Tonlagen achten, sensibel werden für das, was nicht in Worten gesagt wurde, das kann an Elsas Sprechweise geübt werden. Worte, die nichts Konkretes sagen und doch vieles umfassen können: »*soebbes, moisch des isch ebbes, jo so isch halt allgemein.*« Oder einer Erzählweise folgen, in der sie die Gedanken aufreiht wie an einer Perlenkette, nur, dass der Faden für andere nicht immer sichtbar bleibt. Denn ein Wort gibt ihr die Assoziation zu einem an-

deren Gedanken; ein anderes Bild, ein anderer Schauplatz taucht auf, zu anderen Personen flüchtet sich die Erinnerung, ungetrennt in der Zeitlichkeit. An einem Interviewausschnitt mit Elsa möchte ich das Gesagte interpretierend verdeutlichen:

Elsa: »*Des vrschdand i so idda.*«
Ich: »Idda!«
Elsa: »*Noia.*«
Ich: »Am andara Ohr.«
Elsa: »*Jo so kents sei.*«
Ich: »Isch des besser.«
Elsa: »*Woiß au idda. Au idda, ... hera. Hen i* (Habe ich) *koin Kropf?*«
Ich: »En Kropf, ha a.«
Elsa: »*Moisch, des isch ebbes, do moß i ge Messinga.*«
Ich: »Zom Dokdr.«
Elsa: »*... no isch a bissle besser, vielleicht.* (Mit dem Schwätza) *... do ben i gschdorba wieder.*«
Ich: »Gfalla?«
Elsa: »*Ha jo, so isch halt allgemein. Do moß diea komma ... dia moß mei Grab richda, so ka nes, so ka nes saga. So isch halt allgemein, jo.*«

Elsa sagte mir, dass sie mich nicht verstanden habe, und ich fragte sie zurück, ob sie am anderen Ohr besser hört, was aber wohl nicht erheblich besser war. Zu meinem Erstaunen wollte sie wissen, ob sie einen Kropf habe, was ich mir damit erklärte, dass sich für sie die Lähmung am Hals seit ihrem Schlaganfall so anfühlt. Dann kommt ihr oft wiederholtes »*moisch, des isch ebbes*«, das könnte in diesem Zusammenhang sowohl auf ihren Schlaganfall hinweisen, der ihr gewohntes Leben veränderte, als auch auf ihren jetzigen unangenehmen Zustand, durch den sie nicht mehr gut reden und hören kann. Ich weiß nicht genau, warum sie deswegen nach Mössingen muss. Dort befindet sich jedenfalls das nächstliegende Krankenhaus von Beuren, in dem sie auch schon war. Dann ist es vielleicht ein bisschen besser, mit dem Reden, meint sie. »*Do ben i gschdorba wieder*«. Sie war dem Tode nahe, ist einen von mehreren schon gefühlten Tode gestorben, damals, als sie ihren Schlaganfall hatte. »*Ha jo, so isch halt allgemein*«, als gedankliche Überleitung, dass auch sie, wie alle Menschen, einmal sterben muss, denn sie gibt im anschließenden Satz zu verstehen, dass sie ganz genau weiß, wer dann kommen muss und wer ihr Grab zu pflegen hat. Sie hat sich also gedanklich auf ihren Tod vorbereitet und für sich die ihr wichtig erscheinenden Dinge nach ihrem Tode geregelt. Sie hat eine Vorstellung über ihren Tod hinaus, welche Frau ihr Grab pflegen wird. Dann führt sie die Gedankenschleife wieder zurück zum Ursprung des Gesprächsabschnittes, ihrem mühsamen reden können seit ihrem Schlaganfall, »*so kanes, so kanes saga*«. Die Gesprächssequenz beschließt sie durch ihr oft wiederholtes »*so isch halt allgemein*«. Sie fügt sich in die Allgemeinheit ein, von der sie oft genug ausgeschlossen ist, und ein angehängtes »*jo*«, sagt, dass sie sich in ihr Schicksal ergibt.

»*Schwätza kennetse mit ihr aber it.*«

Seit 1993 lebt Elsa nun in einem Altenheim in Hechingen. In das »Marienheim« wurde sie gebracht, nachdem sie einen Schlaganfall erlitten hatte. Seither fällt ihr das Reden, als auch das Hören schwer. Das käme von der Lähmung im Hals, sagte mir eine Pflegerin, aber das »Schwäbische Tagblatt« vom 9. Juli 1994 weist noch auf eine andere Schwierigkeit hin: »*Nur das Schwätzen habe sie im Altersheim mangels Gelegenheit verlernt; beschwert sie (Elsa) sich. Aber um viele Leute zum Reden zu finden, musste sie früher auch weit laufen.*« Sie hat also nun doppelt mit dem verstanden werden zu kämpfen. Auch ich habe sie anfangs schwer verstanden, musste Geduld haben und mich einhören und tatsächlich, je länger ich mit ihr redete, desto besser konnte sie reden und ich verstehen. Sie ist sich darüber bewusst, dass es Verständnis braucht, um verstanden

*Geredet und diskutiert hat Elsa gerne.
Doch oft hätten die Leut auch
»einen Dreck an sie hingschwätzt«. (1962)*

zu werden und vergewissert sich immer wieder, ob ich sie auch verstehe. Elsa: »*S' ghot nemme, i ka nemme guat schwetza. Ma moß halt hau, wiaß kommt.* (...) *So kane schwätza, waisch, so ghots. Moß halt langsamr doa, no ghots, no vrschdod ma me. No vrschdod ma me guat.*«

Früher auf ihren langen Märschen, da hat sie gerne mit allen geredet, die sie traf. Kinder mochte sie besonders. Sie ist im weiten Umkreis bekannt gewesen. Trotz ihrer meist gewichtigen Bürde fand sie Kraft und Zeit zu langen Gesprächen. Nicht selten soll im »Heuet das Gras am Wegrand wegen ihres Schattens nicht dürr geworden sein«, wird immer wieder erzählt und in den verschiedensten Zeitungen zitiert. Manchmal sei es den Leuten zu viel gewesen, weil sie so viel geredet habe, wusste Frau R. aus Hechingen zu berichten: »*Sag i: Elsa komm doch mol gschwend rei, se isch gern komma, ond hot verzehlt, manchmal wars de Leit zu viel.* (...) *Sie schwetzt zum Teil ganz ›grodabroid‹.* (...) *Ha, ja manche haben sie schon für dumm gehalten, oder, dass sie manchen auf den Wecker gegangen ist, weil sie hat ja können schwätzten und schwatzen und auch ein bisschen durcheinander, sodass man schon Phantasie haben musste, was sie meint. Man hat sie ja schon verdummt.*« Elsa musste nicht nur weit laufen, um Leute zum Reden zu finden, sondern vor allem um Leute zu finden, die sie verstanden haben und das besonders im Alter. Wer ein »gutes Herz« hatte und es gut mit ihr meinte, das spürte Elsa ganz genau: »*... des isch a guate, guate Frau gsei ... Ursula B., dia hod alles fir mi dau. Dia hod mi vrschdanda, wasch, dia hod allas tipptopp gmacht, ond i ihra, ond i ihra ...*« Ursula B. verstand Elsa also in jeglicher Hinsicht. Sie pflegte Elsa, bevor sie ins Altenheim gebracht wurde. »*Seit i gfalla be, ka i nemme reat schwetza, seit meim Fall, beim Grasa bene gfalla*«, erklärt Elsa Frau R., als diese sie im Altenheim besuchte. Früher hat man sie noch gut verstanden, meinte Frau R. aus Hechingen, heute versteht man nicht mehr viel.

»Weil se id normal isch gsei.«

N.: »Solang se do gwohnt hot, bei B.'s donna, do hotse ällweil gschwäzt ond ahnegschwäzt, ond nei gschwäzt ond des ka ma au id – «

B.: »Weil se id normal isch gsei.«

Dass auch ich nicht mühelos ihrem Gespräch und ihren Gedankensprüngen folgen konnte, das konnten sich die beiden Frauen aus Beuren, die etwa Elsas Alter haben, wohl nicht vorstellen. Hakte ich bei Unverstandenem nach, erntete ich sofort ihren Unwillen, besonders bei derjenigen Frau, die Elsa als »nicht normal« bezeichnet hatte: *»Ha d'Elsa, d'Elsa hot halt au ebbes ghed, so ischse au id normal gwea. (...) Ha, woisch isch so, wema gschwäzt hod oder so, hodse id so reagiert, no hodse glei ebbes anders agfanga, dann. (...) Jo, jo, allamol wieder hodses reacht gsait, allamol wieder, je nochdem se en Dag hod, saidses falsch.«* Etwas richtig sagen, etwas falsch sagen und nicht so reagieren, wie von einem erwartet wird, unter Erwartungsdruck kommen, das habe ich auch im Gespräch mit den Frauen aus Beuren erfahren. Nicht direkt auf Fragen antworten wollen, Unangenehmen ausweichen und von etwas anderem anfangen, genau das demonstrierten sie mir ausführlich. Auch Elsa wird ihre Gründe haben, auf direkte Fragen nicht zu antworten. Vielleicht hat sie es grundsätzlich verlernt, aufgrund ihrer Erfahrung brutaler Übergriffe auf Leib und Seele. Warum jedoch das, was die »Anderen« ebenfalls tun, bei Elsa auffällig und als Abgrenzung benannt wird, diese Frage begleitete mich. Zweifellos hatte Elsa eine gesonderte Stellung in dem übersichtlichen Dorf von 150–200 Seelen eingenommen und erhalten. (Vielleicht schon von Geburt an.) Dass Elsas gesonderte Stellung eine bestimmte Aufgabe in dieser Gemeinde erfüllte, steht bei meinen Überlegungen latent im Hintergrund.[29] Aus dem Geflecht von Beziehungen, die zum Teil über Generationen hinweg gewachsen sind, den jeweiligen Sinn des »so Handelns« aller Beteiligter zu ersehen und konkret zu benennen, ist schwierig bis unmöglich und für mich in diesem Rahmen ohnehin nicht erfüllbar.[30]

Elsa mit Wohlwollen begegnen und, wie Frau R. sagte, Phantasie haben, das ist unabdingbar, wenn man sie verstehen will. Nachvollziehen können, was unausgesprochen bleibt, nicht benannt und sichtbar gemacht wird und werden kann, zu versuchen, die Sprünge ihrer Gedankenbilder und die ihr bekannten und den »Anderen« unbekannten Schauplätze mitzusehen, dazu bedarf es einiger Phantasie. Die sprachlichen Besonderheiten, mögen sie noch so geringfügig sein, wie z. B. dass Elsa manchmal ein »s« anstatt »sch« spricht (was mir erst aufgefallen ist, nachdem Frau R. mich darauf aufmerksam gemacht hatte), werden durch Elsas von vorneherein »gezeichnet sein« besonders auffällig wahr genommen, schließlich zur Auffälligkeit gemacht und weitervermittelt. Was von den »Anderen« als zu benennende Unterscheidung an der Sprechweise Elsas empfunden wird, kann als ein Versuch gesehen werden, ein weiteres Stück in das Mosaik von Elsas »Anders-Sein« einzufügen.

DICHTEN

»*Aber so dichda ka e nemme, wiane dau hau. Doch oin isch do, der hod mir alleas ufgschriba – moisch , des ischa au en Baur gwea, des – alles, alles, vom Leaba bis... Des hane au dichdad, des Krankahaus, des haune au kenna, tipptopp. Ez kanes halt nemme doa, no gange halt ham, wennes halt nemme ka*«, betonte Elsa. Sie fährt fort: »*Der Schpruch vo do, der wedde ded danna na. Jo, i hannen scho oima, aber ez moße halt wada, ois no em andra.*« Elsa möchte das Gedicht, das an dem Feldkreuz in Beuren angebracht ist, bei sich im Altenheim haben. Sie weiß, dass sie es schon einmal aufgeschrieben hat, findet es aber nicht mehr und wartet jetzt darauf, dass es ihr jemand aufschreibt.

Dichten eröffnete für sie eine weitere Möglichkeit, sich außerhalb der Umgangssprache und des Alltagsverständnisses auszudrücken. Gerne trug sie ihre Gedichte in der Öffentlichkeit vor, erzählte allen davon,

ELSAS AUSDRUCKSWEISEN

auch mir, »*I ka dichda*«, und war betrübt darüber, dass sie es nun nicht mehr könne. »*Sie unterhielt mit Gedichten*«, lautet die Teilüberschrift im Schwäbischen Tagblatt vom 9.7.1994. »*Zu Hause angekommen, spazierte sie zunächst oft in die ›Linde‹, wo sie bei einem Bier die Gäste mit Gedichten unterhielt.*« Und Johanna Riester erzählte der »Hohenzollerischen Zeitung« am 16. 07. 1994: »*Sie unterhielt oft auch mit Gedichten, da hatte sie eine besondere Gabe.*« Wichtige Begebenheiten ihres Lebens wurden von Elsa in Reimform gebracht. Frau R. aus Hechingen hörte Elsa aufmerksam zu:

»*Einmal hat sie erzählt, sie hätte ein Gedicht geschrieben: Das Klinikgedicht. Da war sie einmal in Tübingen, in der Klinik, ich glaube mit Fußverletzung. Das habe ich aufgeschrieben und finde es aber nicht mehr, das war gar nicht schlecht, dann hat sie alleweil gesagt: ›Des glabbat‹, das heißt, des reimt sich. ›Und die lieben Schwestern fein, und die Ärzte mein, wie sie so schön operieren können, und dann machte ich ein Mordsgeschrei, und dann brachte man mir den Spucknapf rein, und am Schluss sagte ich, nun ade du stolzes Krankenhaus auf nimmer wiedersehen‹. Da hat sie viel Jammer gehabt und wollte nach Hause. Ich sollte das Gedicht ins Krankenhaus bringen zum Aushängen. Sie hat es anscheinend mal zur Zeitung getragen und da wurde es abgedruckt. Sonst hat sie, glaube ich, keine Gedichte gemacht, aber farbig erzählen konnte sie.*«

Welches der Grund ihres »Jammers« im Krankenhaus war, ist nicht genau bekannt. Es wäre möglich, dass sie im Krankenhaus war, weil sie 1945 von einem französischen Besatzungslaster lebensgefährlich verletzt wurde, aber auch, dass das Gedicht entstand, als sie in der NS-Zeit zwangssterilisiert wurde.

Eine weitere Analogie zu Gedichten weisen die von Elsa beschriebenen Zettel auf. Sie beschrieb sie meist achtzeilig.[31] Erlebnisse in eine für sie »passende Form«, in Reime zu bringen, ist demnach für Elsa eine Möglichkeit, den für sie unverständlichen oder schockierenden Vorgängen (z. B. ausgeliefert sein) habhaft zu werden. Durch die Umwandlung

Herbstliche Begegnung in Beuren.

in ein »Kunstwerk«, in eine andere Sprache, kann sie Distanz gewinnen und es dadurch anderen mitteilen.

Fotografien von Elsa

Bei meinem zweiten Besuch fragte ich Elsa, ob ich sie fotografieren dürfe. Sie war gerne dazu bereit, fragte, ob sie denn *»guat gnuag azoga«* sei, ob sie ihr hellblaues Strickwestle ausziehen solle und ob die Haare richtig wären. Auf meine Antwort, die wären schon ganz schön gewachsen seit dem letzten Mal, sagte sie energisch *»Der moß amol wieder komma, i wills kurz«*, und schüttelte dabei heftig den Zeigefinger. Sie setzte sich aufrecht und drehte sich immer langsam mit, wenn ich die Position des Fotoapparates veränderte. Demnach kannte sie das »Ritual« des Fotografiertwerdens. Zusammen schauten wir beim nächsten Mal die von mir gemachten Schwarzweiß-Fotografien von ihr an, außerdem den Ausstellungskatalog »Grenzüberschreitungen«.[32] Ich hatte anfangs Bedenken, ob das gut sei, da ich nicht ihr Heimweh schüren wollte, bemerkte aber mit Erstaunen, dass Elsa die Fotos weder aufregten noch besonders interessierten. Höflich kommentierte sie immer wieder *»scheene Bildla, so viel Bildla, isch elles schee«* und dann meinte sie: *»Wiane sag, des isch schee, ha jo, do bene schee druf. Do kennt ma me bereits idda. Scheene Bildle. I ka nix drmit afanga.«* Sie fragte mich bei dem Foto, auf dem sie im Altenheim am Tisch sitzend Zeitung liest, wer das sei. Kurz darauf noch einmal ungläubig, ob sie das sei. Da sehe sie aus wie ein Mann. Auf einem anderen Foto, in der Schuhmacherwerkstatt in Mössingen, meinte sie, dass sie da aussehe, wie die Frau vom Rechenmacher. Es scheint so, als ob sie sich keine Vorstellung von ihrer Außenansicht gemacht hat, deshalb sieht sie andere Personen in ihrem Abbild. Für sie stellt sich nicht die Frage, welche Person bin ich von außen gesehen, im Gegensatz zum inneren Erleben. Elsa ist für Elsa immer nur ein ganzes, immer ihr eigenes Erleben. *»Kama au so Bildla macha. Jo, des kama, äl-*

las kama, ez, heitzudag duat ma veil«, murmelte sie zu sich selbst und es hörte sich doch wie eine Gesellschaftskritik aus Elsas Munde an. Jedoch scheint es, dass die Abbildungen für sie wirklicher werden, sie mehr sie selbst wird, wenn ihre Insignien, wie Rucksack oder Rechen sichtbar sind. Zu dem Foto, auf dem sie mit Rucksack und Felltäschchen abgebildet ist, sagte sie wieder laut: »*Do sieht ma me besser, do bene schee. Do sieht ma me guat. I woß id, wos her isch.*« (Das Foto). Eine Elsa, Holzrechen und Holzgabel geschultert, schon am Stock gehend, in Beuren auf der Straße fotografiert, kommentiert sie: »*Jo, jo, ond do mit de Racha, dia waratse au gschdola hau. Drei hanne no ghed.*«

Eine Facette erweitert wird das Thema durch die Fotografien von einer »falschen Elsa«. Frau R. aus Hechingen spielte Elsa an Fasnacht auf der Bühne nach und wurde dabei fotografiert. Die Abzüge wurden in einem Fotogeschäft in Hechingen ausgestellt. Kurz nach Fasnacht kam Elsa zu Frau R.: »*Uf oimal sagt se: Do hont se gsaigt, i sei uf dr Fasnet gsei. Wa, han i gsait, uf dr Fasnet. Jo, do beim Foto Keidel hot ma Bilder ausgstellt, vo dr Fasnet, aber i hau mi it gsea, aber des goht de Leit au en Scheißdreck a, i ka jo uf d'Fasnet, wann i will.*« Elsa hat sich nicht in den Fotos erkannt. In diesem Sinne beweist sie ihre Originalität.

Erst durch das Lesen des transkribierten Gesprächs mit Elsa kam mir richtig zu Bewusstsein, dass sie auf den Fotos nichts erkennt, sondern nur durch meine Kommentare zu den Fotos ihr eigenes Bild von den Leuten, Orten und Begebenheiten erinnert. Ihr inneres Bild ist nicht dieser festgebannte, ausschnitthafte Augenblick des Fotos, sondern es sind lebendige Bilder, die in ihre dazugehörenden Örtlichkeit und Zeitlichkeit eingewoben sind. Elsa erzählt, angeregt durch meine Kommentare, woher sie damals gekommen ist, wohin sie von dort aus gegangen ist, was sie an diesen Orten erlebt hat, welche Dinge und Menschen mit diesen Orten verbunden sind und wie dieser Ort in seine Umgebung mit eingebunden ist. Sie belebt das Foto an dem Punkt, an dem es festgebannt wurde, erzählt seine Fortsetzung oder Vorgeschichte: »*Do bene ham, da hanna nuf. En dem Haus bene au gsei, do hot ma mi aua gma-*

chat (...) Do hane veil dau, ond draga«, erzählte sie zu dem Foto vor der Metzgerei Felger, wo sie schwer beladen und behangen mit Körben und Eimern steht. Ihr Erzählen reißt das Foto aus seiner Starrheit und Ausschnitthaftigkeit und setzt das Bild an seinen Ursprung zurück.

Elsa erkennt sich entweder auf den Abbildungen überhaupt nicht, oder höchstens, wenn die zu ihr gehörenden Dinge mit abgebildet sind, der Rucksack oder die Rechen. Jedoch Dinge losgelöst von den dazugehörenden Personen und Örtlichkeiten und abgebildet, sind für sie nicht die Dinge, die sie kennt. Elsa sagte nie von den Abbildungen »das bin ich«. Sie ist für sich selbst nur die leibhaftige Elsa im Jetzt und Hier. Elsa erkennt das Abbild nicht an, denn sie hat nicht erkannt, wer oder was auf den Abbildungen zu sehen sein soll. Logischerweise erkennt sie dann die »falsche Elsa«, die Fasnachts-Elsa, im doppelten Sinne nicht an. Die Fotos besitzen für sie keine Realität, keine Wirklichkeit. Wirklichkeit besitzt für sie nur, was in der von ihr eigenst erlebten Zeitlichkeit und der ihr bekannten Örtlichkeit liegt, sowie leibhaftig erlebte Personen; das, was sich bewegt, riecht, schmeckt, was sie hören und tasten kann. Dazu gehören bei ihr auch Vergangenes und Träume, lebendige Erinnerung und lebendig Empfundenes. Wie im folgenden Abschnitt deutlich wird, ist der »Himmel« für sie realer als die Abbildungen.

ELSAS RELIGIOSITÄT

»Uns ist heute die strikte Zweiteilung von Materiellem und Immateriellem so eingewachsen – wobei uns nicht einmal mehr bewusst wird, dass Geist dabei nur als negativer Aspekt der Materie erscheint – dass es aller Anstrengung bedarf, um einer Gedanken- und Vorstellungswelt nahe zu kommen, in der profaner, im ursprünglichen Sinn ungeweihter Raum stets vom heiligen Raum überwölbt ist; heilige Zeit stets die profane Zeit umschließt und die Grenzen zwischen beiden Bereichen durchlässig sind und schwinden und schwingen können.«[33]

Zweierlei Berührungspunkte mit der Thematik »Elsas Religiosität« stecken in Ruth und Lenz Kriss-Rettenbecks Textpassage. Sie umreißen zum einen das Primäre an Elsas Religiosität: ihr alltägliches Handeln und Denken ist untrennbar mit dem religiösen verwoben. Zum anderen sprechen sie auf der sekundären Ebene meine Schwierigkeiten an, mich der Thematik des Religiösen zu nähern, da ich zwar im ähnlichen religiösen Umfeld wie Elsa – einem katholischen Dorf im Schwäbischen – aufgewachsen bin, aber feststellen musste, dass ich die einfachsten religiösen Symbole und Handlungen nicht mehr deuten konnte und sie mir bei näherer Betrachtung fremd waren.

Elsas Religiosität drückt sich mittels einer Fülle von Gegenständlichem und Visionärem aus. Oft sind es nur noch Objekte des religiösen Lebens, die Mentalität und Einstellungen der einzelnen Menschen zu dem, was sie »Gott« nennen, vermitteln und überliefern können, da

Ein Teil von Elsas religiösen Gegenständen.

Wort- oder Schriftzeugnisse nicht gemacht oder nicht erhalten geblieben sind. Bei Elsa können die, nur selektiv, erhalten gebliebenen Gegenstände durch ihre eigenen Erzählungen und durch Geschichten »Anderer« abgerundet werden.

Religiöse Gegenstände von Elsa

Es wurde mir mehrfach erzählt, dass sie sich am meisten über religiöse Gegenstände gefreut habe. Auf einem Bord über ihrem Bett habe sie unzählige verschiedene Kreuze stehen gehabt. Überall seien Bildchen vom Jesuskind gelegen und in der Ecke, neben dem schönen alten Küchentisch, habe ein alter menschengroßer Grabengel gestanden. Den Rosenkranz hatte sie immer in greifbarer Nähe in der Manteltasche dabei. Eine Menge religiöser Bücher und Katechismen habe sie besessen, die aber leider, wie vieles andere, weggeworfen wurden.

Erhalten geblieben und im Heimatmuseum Mössingen gelagert sind folgende religiöse Gegenstände von Elsa: ein aufklappbarer Hausaltar aus Gips, zwei Schutzengelbilder und jeweils ein »Herz Maria« und »Herz Jesu« Bild, zwei Porzellan-Putten, eine kleine Marienfigur mit Kind aus Porzellan, eine größere Marienfigur mit Kind aus angemaltem Gips, ein Rosenkranz, eine angebrannte Osterkerze, ein Holzkreuz mit metallenem Jesuskörper (ca. 40 cm hoch), ein Holzkreuz gleicher Ausführung, jedoch nur ca. 15 cm hoch, ein Holzkreuz mit runden Hölzern und Jesuskörper (10 cm hoch), ein stehendes Metallkreuz mit Einlegearbeiten aus dunklem Holz, ein »Jesus in der Dornenkrone«, eine »schmerzhafte Muttergottes« in gleicher Ausführung, eine Zeitung mit Namen »Gute Botschaft«, eine Zeitung mit Namen »Der Heidenfreund«.[34]

Kitschig und bunt und trotzdem wahr

Die »Kaufhausengel«, die »grellbunten kitschigen Massendrucke« und die »billigen Gipsplagiate«, selbst diese oder gerade diese sprechen Elsa an. Egal, wie wenig kunstvoll und wertvoll die Abbildungen sind, sie sind für Elsa dennoch das Fenster in jene andere Welt, in jene zweite Welt, die für Elsa in einer unabgetrennten Einheit mit der ersten besteht. Die »zweite Welt« hatte bei Elsa genauso Bestand, ja, noch mehr, in ihr kannte sie sich aus, sogar, und das machte ihre Selbstsicherheit gegenüber den »Anderen« aus, am allerbesten. Nicht das Abwägen des materiellen Wertes ist der Maßstab, an dem diese Gegenstände gemessen werden können, sondern der ideelle, den auch sie in sich tragen. Trotz des »Abklatsches« vermitteln sie Würde, sind die Gesten, die Körperhaltungen immer bedeutungsvoll. Die Kleidungen sind wertvollen Gewändern nachgeahmt und die Symbolik ist reichhaltig, besonders die blutenden, flammenden, erblühenden Herzen und die geflügelten Wesen. Sie vereinigen alles, was an überkommener Zeichensprache (insbesondere des 19. Jh.) von ihnen verlangt wird und was das Herz begehrt. Maria Bidlingmaier schreibt: »*In den alten Haushaltungen ist die Wand fast kahl, in den jüngeren hängt alles voll von Bildern. Wer erinnert sich nicht der Kaiser- und Königsdrucke, der blutigen Christusköpfe, der gemalten Herz-Jesu-Bilder, die man in ländlichen Stuben sieht! Die Bildmotive sind echt und wahr und spiegeln bäuerliche Empfindungen wieder. Sie bringen auch den Geschmack des Bauern an starken Farben zur Geltung. Aber fast alle Bilder haben das Aussehen der schlechten Massenware.*«[35] Anhand der Inventarlisten des Dorfes Kirchentellinsfurt stellt Andrea Hauser fest, dass in der ersten Hälfte des 19. Jahrhunderts die Distanz zum »Gemalten« und »Gerahmten« bei Bauern, Handwerkern und Taglöhnern abnahm, da mit der seriellen Massenproduktion Wandschmuck billiger und somit auch erschwinglicher wurde.[36]

Im Hausaltar von Elsa wurde eine vorbildliche (die Tochter steht bei der Mutter, der Sohn beim Vater) und fromme Familie dargestellt. Diese Familie gab es nie für Elsa. Der Vater ist früh verstorben, die Brüder im Krieg gefallen. Die Schwester wuchs bei Pflegeeltern auf und die Mutter und sie selbst wurden unter Vormundschaft gestellt. Es ist deshalb verständlich, wenn sie zu Gott »Hemmeldadde« – Himmelsvater – sagte: »*Des is alles dommes Zeig, i gang zo meim Hemmeldadde.*« Sie sagte oft,

Elsas Hausaltar

wenn ihr etwas zu viel wurde: »*no gange halt ham*«, womit sie zum »Hemmeldadde« meinte. »*I war scho do oba, em Hemmel, bei meine Briadr, fir dia bete viel*«, konnte sie auch sagen. Der Himmel wurde ihr zur zweiten Heimat und die heilige Familie zur ihrer eigenen, wie folgender Traum, den Elsa angeblich Frau R. erzählte, nochmals bestätigt: »*Do isch mr s'liebe Jesulein erschiena, stell dir vor. I han gsait, oh sie Herr liebes Jesulein, ond be en Knie ond han d'Hend einegfaltet ond han nomol gsait, sie Herr liebes Jesulein. Woisd was der dann zo mir gsait hot: I def du zo ihm saga.*«

Betrachtet man Elsas Schutzengelbilder, so zeigen sie zwei Seiten: eine moralisierende, komme nicht vom »rechten Wege« ab, sonst droht dir der Abgrund und eine beschützende, dein Engel ist immer bei dir, damit du nicht in den Abgrund fallen kannst. Ich glaube, das Letztere war für Elsa besonders wichtig: einen Engel als unsichtbaren Gefährten und Beschützer auf ihren Wegen zu haben, als einen Wächter über Leib und Seele.

Hinsichtlich ihrer Katechismen und religiösen Schriften trifft folgende Feststellung sicherlich auch auf Elsa zu: »*Auf dem Lande und in den unteren Schichten blieb die ›volkstümliche‹ Literatur in Form von geistlichen Büchern, Erbauungsbüchern, Kalendern und billigen Nachdrucken noch lange Zeit die einzige Form des Buchbesitzes, andere Lesestoffe wie Belletristik, Lexika, Historika etc. waren auf dem Lande sehr selten zu finden und dann nur in den bürgerlichen Haushaltungen.*«[37] Elsas Buch- und Lesebestand blieb tatsächlich auf religiöse Themen beschränkt. Vielleicht nicht nur, wie Andrea Hauser meint, weil weite Teile der Bevölkerung aus »*Kostengründen und mangelnden Lesekenntnissen*« an dem ausweitenden Buchmarkt Ende des 18. Jahrhunderts nicht teilhaben konnten,[38] sondern auch, weil für Elsa in Büchern nur »Heilige Worte« geschrieben stehen. Denn gelesen hat sie gerne und bis heute noch wenigstens die Tageszeitung.

»Hüben« und »Drüben«

Religion und Religiosität lebt Elsa jenseits konfessioneller und institutioneller Schranken, das heißt über die Eingrenzung durch Christentum und Kirche hinaus hin zu dem, was von diesen als Aberglaube definiert wurde, und folglich oft jenseits des Verständnisses der Beurener Dorfgemeinschaft steht. Auch wenn Elsa nach Vorbildern (Familie, Pfarrer, Gemeinde) in einer räumlichen, zeitlichen, schicht- und geschlechtsspezifischen Angemessenheit die Ausübung und ihr Verständnis von Religion erlernt haben mag, hat sie dies in ihren eigenen Lebens- und Sinnzusammenhang gebracht und abgeändert. Das Einverleiben von Erfahrungen, auch oder gerade wenn sie unerklärlich scheinen, sie in einen eigenen erklärbaren Zusammenhang bringen, ist nichts Ungewöhnliches. Elsa muss deshalb nicht als Sonderling gelten, wie auch Olivia Wiebel-Fanderl anhand einer Fülle von lebensgeschichtlichen Aufzeichnungen, die seit 1983 am Institut für Wirtschafts- und Sozialgeschichte der Universität Wien gesammelt wurden, schlussfolgert.[39] Die populare Rezeption im Alltag kann sogar, wie ihre Quellen zeigen, zur Ablehnung des institutionell organisierten Religionssystems führen. Elsas eigene Religiosität bestimmte ihr Alltagsleben, durchtränkte mit selbstverständlicher Verwobenheit ihr Handeln, Fühlen und Denken und machte sie unabhängig von der Institution Kirche und ihren Vertretern, den Pfarrern. Von ihnen hielt sie wenig: *»Der kommt nab en d'Hell«*, sagte sie einmal über den Beurener Pfarrer. Nicht Amtsträger beeindruckten sie, von diesen kamen für Elsa oft genug Bevormundungen, sondern sie wusste, wer eine »gute Seele war«. Glauben ist bei ihr Wissen, Gewissheit haben. *»Ich lüge nicht, ich sage die Wahrheit«*, konnte sie beteuern. Nach ihrer eigenen Vorstellung von Religiosität richtete sie ihr Leben aus, daran orientierte sie sich und diese gab ihr die Gewissheit für ihre eigene Ordnung, sowohl in den praktischen Alltagshandlungen als auch in ihrer Beurteilung, was Recht und was Unrecht sei.

Elsa im Sonntagshäs vor der Kirche.

Religiöse Orte

Es ist deshalb kein Widerspruch, wenn Elsa trotzdem gerne in Kirchen ging und ihr Jahresablauf ein religiös geordneter war. Doch auch hier galten für sie keine Einschränkungen, beten war für sie sowohl in katholischen als auch in evangelischen Kirchen möglich, ob in Beuren und Hechingen oder in der Kapelle in Belsen. Sie nahm sogar weite Wege auf sich, wenn sie etwa die Salmendinger Kapelle auf der Hochebene der Alb besuchte. Und selbstverständlich spielte sich Elsas Leben auch in dem von der Kirche gestalteten Jahresablauf mit seinen rituellen Handlungen ab, wie folgende Erzählung von Frau R. aus Hechingen verdeutlicht: »*Etz muaß i zo dem Resle Schuamacher na*«, sagte Elsa, »*am Karfreitig ise en dr Kirch omgfalla, ha i be hendadanna gstanda, se war scheinz nichtern, aber i be au dr ganze Dag nichtern am Karfreidag, ja do isst ma nix, au am Karsamsdag iss i nix. No han i no d' Tür aufgehalten, und wusste nicht, wer das war, ez ist des des Resle, etz gange halt mol na und guck a mol nochra ond lass mei Muadr em Stich.*« Ebenso selbstverständlich war es für sie, dass sie die Orte der Veräußerlichung Gottes pflegte: die Kreuze und Gräber, den Friedhof und die Kirchen. Indem sie die äußere Erscheinung pflegte, pflegte sie den Umgang mit Gott und den Toten: »*Do ufm Friedhof, do hane au alles dau. Alle Gräber, ällas, tipptopp. Ond älle dia Kreiz hanne vo Messinga gholat, dia Kreiz (...) Des isch mei Feldkreiz. Des han i ellaweil grasad. (...) Des hau i au dau, vordr Kirch, elles gmahded, do henda nom. I hau au veil dau. Des machad dia heit nemme. Ha a.*«

Selbst Elsas Weg- und Ortsbeschreibungen stehen in einem religiösen Kontext. Straßenbezeichnungen, die heute oft keinen Sinnbezug zu einer gewachsenen Struktur haben, sind für sie nutzlos. Die Kirche ist ihr Mittelpunkt des Ortes; das Denkmal für die in den Kriegen Umgekommenen, der Friedhof und ihr Feldkreuz sind die Fixpunkte, an denen sie ihr Netz der Beschreibungen festmacht:

– »*Do henda wohnad se, wasch.* {In Beuren?} *Joa, übers Grab nom.*«

– »*Do, vo dem Kirchplatz nom, do hot dia a Wies ghet.*«

Elsas Räumlichkeit und Zeitlichkeit sind durch ihren Umgang mit den religiösen Orten und Gegenständen und durch ihr Denken und Sprechen sakral erfüllt.

Träume, Schauungen und Erlösung

Viel redet Elsa darüber, wer gestorben ist, wer nicht mehr lebt.[40] Merkwürdigerweise benutzt sie diese Erinnerungen des Sterbens und Gestorbenseins auch für sich selbst: »*Do ben i gschdorba wieder*«, als sie ihren Schlaganfall hatte. (...) »*Ond i wär au scho lang gschdorba, jo, vrschdickt.*« (...) »*Do wär i au gschdorba*«, als es in ihrem Haus gebrannt hatte und sie die Mutter retten musste. (...) »*Do wär i scho lang gschdorba*«, als sie geschlagen wurde. (...) »*Do wär i au gschdorba*«, als sie gestürzt ist. Es waren immer gefährliche, gewaltsame Situationen, in denen die Möglichkeit bestanden hatte zu sterben. Auffallend ist, dass Elsa nicht nur sagt »da wäre ich gestorben« sondern auch »da bin ich gestorben wieder«, als ob sie tatsächlich im Reich der Toten gewesen wäre. Jemand anderes wäre schon lange nirgends mehr, wurde von ihr gesagt, als sie von dem französischen Armeelaster 1945 lebensgefährlich verletzt wurde.

Für Elsa, so scheint es, ist das »Hüben« und »Drüben«, das Reich der Toten und Lebendigen ein durchlässiges, deshalb ist es nur logisch, wenn sie auch von den Toten gesucht wird. Die Toten erscheinen ihr und sie weiß, was sie zu tun hat. Fragen muss sie, was sie für sie tun kann, und deren Auftrag lautet meist »beten«. Sie weiß, dass sie, wie in vielen Geistererscheinungen berichtet wird, die entscheidende Frage stellen muss, damit die Toten erlöst sind und Ruhe finden. Immer wieder sagte sie, dass die kommen und sie dann fragt: »*Ja wa wit, wa wit du? Batta soll sia batta!*« Aus dem Friedhof kommen die heraus, sagte sie mir mit bedeutungsvollen Augen. Die Toten haben für Elsa sogar noch die Macht nach den Gegenständen der Lebendigen zu greifen: »*dia messad emmer raufkomma sei, wasch, wasch, ...Greber* (Gräber), *meine Haile* (Ha-

Elsa am Grab ihrer Mutter. (1986)

cken), *meine Eemer* (Eimer) *hod se au ghed, ...*« (lacht, aber nicht fröhlich). »*I beat, was i ka, ond wenn i mol nemme be, dann moß es halt roicha.*« Bitten tut sie für die Toten wie für die Lebendigen und für sich selbst. Immer wieder erzählt sie mir von Leuten, die auch »hingefallen« sind oder die andere Krankheiten hatten, die gestorben sind und für die sie alle betet. Sie ist sich sicher, dass ihr Beten einen Einfluss hat und Wirkung zeigt. Sie sagte, als ich bei ihr im Altenheim war und ein Mann im Hintergrund vorbeilief, dieser sei auch krank gewesen und wenn sie für ihn nicht gebetet hätte, würde er nicht mehr leben. »*Beata, mai ka i au idda, fir älle, wo gschdorba (...) I dur halt beata, dass ghot.*« (Dass das geschieht, was sie sich wünscht). »*I dur halt beata, i darf dobleiba*« (Dass sie noch nicht sterben muss). Und schließlich betet sie vorsorglich, damit nichts Schlimmes passiert: »*I dur so beata, dass nonz konnd. I dur halt ällaweil beata.*«

Elsa gewährt dort Einblicke, wo andere schweigen. Denn das Reden über die eigenen Träume und Visionen ist nicht selbstverständlich, wie die Reaktion von Frau R., die mir von Elsas Träumen berichtet hatte, zeigt. Sie beginnt ihre Erzählungen mehrere Male mit: »*Ich glaube, da hat sie auch einen Schnaps*[41] *gehabt, anders kann das nicht sein*«, um eine Erklärung für etwas zu haben, das ihr unerklärlich oder zumindest ungewöhnlich erschien. »*Da hat sie erzählt, dass sie das Fegefeuer gesehen hat:* – *Dia werat scho no sea, wa alles kommt, d' Leit hond jo koi Ahnung, dia werad scho no sea, aber i habs gesehen.* – Dann hat sie wieder gestrahlt: – *Neilich war i doba, do wars schee, i habs gesehen, älle han i gsea, aber de andere bleibet dussa, dussa bleibat de andere, dia kommat nicht nei.* – *Der Traum ist auch so schön*«, fährt Frau R. fort, »*do isch se zo dr Dodda noch Stoi nei,* (Elsa): *noch hots mir traumet am a Morga so uma zehne, zwoi Stond lang, do ben i em Hemmel doba gsai, do han i messa a Fronleichnamsprozession aufstella, woist, de ganz Prozession. Da send erscht dia Kreiz ond Fahna komma, dia Päpst ond Bischef mit ihre Kandidata ond dann send diea Christalehrpflichtige komma, dia Kenderschialer, ond dia Fahrradfahrer ond diea Motorisierte. Dann han i meine Hend einegfaltet ond gsait, liaber hondertdausedfacher Heiland, wo send au meine Leid. Sisch neamad do doba gsei vo meine Leid, vo Beira, ond diea Spitzhauba send au it doba gsai, sisch neamad doba gsei. Dr Hemml war nochher wieder butz leer ond buurblau war der Hemml.*«

Der Tagtraum morgens um 10 Uhr, als sie zu ihrer Tante nach Stein gegangen ist, kam Elsa zwei Stunden lang vor. Sie war beauftragt, eine Fronleichnamsprozession im Himmel aufzustellen. Elsas Auftrag ist eine hohe Ehre, denn auch heute noch ist die Fronleichnamsprozession in katholischen Gegenden die prächtigste des Jahres. Sie ist mit Flurumgang und Wettersegen verbunden. Die Prozession präsentiert das ganze Gemeinwesen, vom Schützenverein bis zu Blumen streuenden Mädchen des Kindergartens. Elsas Prozession besteht aus allem, was das Prozessionsbild prägt, wenn auch in einer etwas anderen Variante: Kreuze und Fahnen, höchste kirchliche Würdenträger und zum Schluss die Kinder

und die Gemeindemitglieder. Jedoch weist es nicht auf das beste Verhältnis hin, dass die Beurener und die Nonnen von Elsa nicht im Himmel gesehen wurden. Nachdem Elsa fragte, wo »ihre Leut« seien, verflüchtigt sich das Bild, wie bei einem Spuk, und der Himmel war wieder rein und tiefblau.

Mittlerin

Elsas Herkunft ist nach Symbolik und Reichhaltigkeit ihrer Bilder und Figuren unübersehbar katholisch. Auch wenn die Konfessionsgrenze nahe war, denn sie verlief zwischen Beuren und Mössingen nach der alten Landesgrenze, waren religiöse Gegenstände in den evangelischen Häusern weit weniger und schlichter anzutreffen, wie jene, die ich von Elsa aufgezählt habe; denn für strenge Pietisten galt »das Wort Gottes« und nach Matthäus »du sollst dir kein Bildnis machen«.[42]

Nicht nur die religiösen Gegenstände, sondern die Dingwelt überhaupt ist bei Elsa mit der Geisteswelt verbunden und kann deshalb von den Toten in Besitz genommen werden. Die Toten sind noch mit den Lebenden verbunden. Die Toten fordern von Elsa Dienste, die sie auch leiblich spürt. Sie musste zum Beispiel nach Sickingen gehen und das Grab ihrer Tante pflegen: *»Mei Tante kommt mir au all Däg em Drom. Noch frog i, was wendr, no muaß i allamol uf Gräber gau, no Sickingen, do homir au no Verwandte, no muaß i romzupfa uf em Grab, duat jo sonst neamd nix.«* Sonst tut ja niemand etwas, sagte Elsa oft. Wer versteht das auch sonst, außer Elsa, dass diese Liebesdienste im Diesseits auf das Jenseits wirken und dass das Andenken sichtbar Körper und Ding formen kann. Die Dinge, die Orte und die Geisteswelt sind bei Elsa noch ungetrennt. Sie lebt nicht nur weiterhin in einer Welt, »in der das Heilige das Profane überwölbt«, sondern es ist auch eine Welt in der Zeitlichkeit noch nicht von Örtlichkeit, Leib noch nicht von Seele und Ding getrennt sind.

Elsa ist nicht nur Mittlerin zwischen den Lebenden und den Toten, sondern auch zwischen Leben und Tod. Sie ist Mittlerin zwischen

Mensch und Jenseits. Sie hilft gegen die Angst vor dem Tod, den Toten und dem Jenseits. Mit Leichtigkeit (»Hemmeldadde«) und Furchtlosigkeit (sie redet mit den Toten) verbindet sie das »Hüben« und »Drüben«. Eine klare Ordnung besteht für sie sowohl im »Hier« als auch im »Dort«, durch »Himmel«, »Fegefeuer«, »Hölle«. Sie überwindet Raum und Zeit: *»Der Überwindung des Raumes gesellt sich die Überwindung der Zeit«*[43], ist unter »Seher« im Handwörterbuch des deutschen Aberglaubens verzeichnet. Elsa sieht nicht nur andere Räume, sie sieht auch, was geschieht und was geschehen wird. *»Dia werad scho no sea, wa alles kommt, d'Leit hond jo koi Ahnung, aber i habs gesehen.«* Sie wagt zu sehen, die anderen nicht, diese haben ja keine Ahnung, was noch alles kommen wird. Wer in der »Hölle«, im »Fegefeuer« oder im »Himmel« ist, dafür hat Elsa die Augen, zu sehen. Im Himmel zu sein und zu sehen, dass die »Anderen« diesen höchsten Ort nicht erreichen, *»de andre bleibat dussa«*, ist für sie eine Genugtuung und ein gerechter Ausgleich. Nur sie steht mit der Gottheit auf »Du« und »Du«.

Religiöse Orte spielten für Elsa eine wichtige Rolle. (1986)

Spurensuche

ELSAS WEG

Mitten im zivilisierten Europa aber, wo es so viele Bücher und Eisenbahnen gibt, reicht solche Beobachtung aus der Vogelschau auf flüchtiger Fahrt längst nicht mehr aus: wer Neues entdecken und beschreiben, ja wer auch nur das Altbekannte neu beurteilen und verknüpfen will, der ist notwendig auf den Fußweg gewiesen. Der Botendienst ist fast allerwärts überflüssig geworden, der fußwandernde Bote ward im drängenden Verkehrsleben zum hinkenden Boten, und von Botenlohn und Botenbrot lesen wir fast nur noch in alten Volks- und Rittergedichten: für die Wissenschaft dagegen kann man in Deutschland noch immer Botendienst zu Fuße tun und frisch voranschreitend, einen Fuß vor dem anderen, Botenlohn verdienen«, schreibt der umstrittene »Volkskundler« Wilhelm Heinrich Riehl 1925 in seinem »Wanderbuch« auf der ersten Seite seiner Einleitung und zugleich Methodik, die er »Zu Fuß« nannte.[44]

Riehl misstraut Beurteilungen, die nicht auf selbst Erlebtem und nicht auf einen festen Standpunkt gründen, und damit meint er wortwörtlich, die keine unmittelbare Bodenberührung haben. Riehl nennt als Beispiele, für uns heute harmlos erscheinende Dinge: Bücher und die Eisenbahn. Für ihn ist eigentlich kein »neues« Urteilsvermögen möglich, das auf Grund von Büchern oder der Schau aus der Eisenbahn entsteht. Was würde Riehl erst sagen, wenn er die »bodenlose« Kluft sehen würde, die sich zwischen »virtuell Erlebtem« und dem Erleben einer Fußwanderung auftut. Denn Riehl wusste noch, dass er alle Sinne beieinander haben musste, um weiter zu kommen, und er wusste auch, dass man die Sinne dafür verlieren kann, denn er klagt darüber, dass die Augen vieler vom vielen Lesen »*blöd*« geworden sind und die Beine vom vielen Sitzen untauglich zum Gehen. Nicht ohne Grund verbindet Riehl »schnell« auch mit »flüchtig«, flüchtige Bilder, flüchtende Eindrücke mit Oberflächlichem und nicht Bleibendem. Bei einer Fußwanderung können alle Sinne angesprochen werden, in der ihnen gemäßen Zeit. Fußwege und Fußwanderung verbindet Riehl mit dem Botendienst. So kann man sagen, dass die Botin Elsa jedenfalls ihrer Sinne mächtig geblieben ist. Die Einzige, wie es scheint, denn das Botenwesen gibt es, so Riehl, nur noch in Gedichten, oder in anderen Jahrhunderten. Die Hohenzollerische Zeitung schreibt: »*Sie* (Elsa) *kam aber quasi auch aus einem anderen Jahrhundert, denn sie verkörperte das* ›*Botenwesen*‹*, das schon lange der Vergangenheit angehört.*«[45]

»Zu Fuß« möchte ich ihren Weg von Belsen nach Beuren gehen. Fast täglich ging Elsa diesen Weg. Alle Beurener sind diesen Trampelpfad

Eines der »feineren« Paar Schuhe von Elsa

SPURENSUCHE

durch den Wald gegangen, bis das heutige geteerte Sträßchen in den 70er-Jahren gebaut wurde. Er war die einzige Verbindung ins Steinlachtal. Nur Elsa jedoch ging ihn auch weiterhin, ein Leben lang. Er wurde zu »Elsas Weg«. Heute ist er zum Teil schon verschwunden. Ihre Spur über die Wiesen ist längst nicht mehr erkennbar. Die Beschreibung ihres Weges möchte ich verknüpfen mit Elsas eigenen Erzählungen, »*Des ghot ded na, en Weag, en Weag bis ded na*«, und Erzählungen »Anderer« darüber. Damit soll die Vielschichtigkeit der Erzählebenen, die ein Bestandteil der gesamten Arbeit sein soll, verdeutlich werden. Damit soll auch deutlich werden, dass es immer eine Spurensuche nach Elsa ist, im tatsächlichen wie im übertragenen Sinne. Eine Spur, die abbricht, Nebenwege einschlägt, sich der Übersichtlichkeit entzieht, und von der ich deshalb nicht mit Gewissheit sagen kann, »so war es«, »so ist sie gewesen«. Schon durch das Niederschreiben einzelner Begebenheiten wird Elsa eine andere, so wie Elsa auch in ihrem leibhaftigen Dasein mehr ist als die bloße Zusammenfassung jener Einzelheiten.

»I be halt ez allaweil glaffa, sell isch d'Hauptsach.«
Wieder ist es Herbst, Oktober, wie zur Zeit von Elsas Geburt und wieder, wie in den Orts- und Schulchroniken von 1910 beschrieben, fiel die Obsternte des Jahres 1998 reichlich aus. Der Spätherbsttag ist mild und sonnig, windig mit ziehenden Wolkenfeldern. Mit einer Landkarte, in die ich »Elsas Weg«[46] eingezeichnet habe, und dem Rucksack mit Vesper geht es beim Ortsausgang von Belsen los. »7 km Beuren« steht auf dem gelben Straßenschild an der Weggabelung. Links weist ein Wanderschild zum Dreifürstenstein.

»*Und wenn sie bei den Gaishäusern naus ist, um hoch zu laufen, da hat sie auch ab und zu geklingelt und gefragt, ob sie Brot haben.*«[47] »*Se isch amool glofa, no hots afanga regna, ama Obend, a Gwittr ghed, no hod en Mo gsaid, gosch id hoim, no isch se zo de Goaßa neigleaga, no isch se scho amo id nass wora, so isch d'Elsa gsei.*«[48] Das schmale Teersträßchen nach Beuren verläuft eben, mitten durch Wiesen. Kaum ein Acker

Bei den Gaishäusern hinaus nach Beuren.

ist zu sehen. Auf den wenigen steht Gründüngung, wächst Klee, hie und da ein Stoppelfeld. Links des Weges zieht sich ein Bachlauf, mehr ein Graben, denn das Wasser ist weder zu hören noch zu sehen, doch die Weidenbüsche am Rand zeugen von der vorhandenen Feuchtigkeit. Viele dieser oft großen und alten Weidenbäume stehen vereinzelt im Tal. Der Geißbach, den man noch einige Male queren muss, wird von mehreren Nebenbächen gespeist und an manchen Stellen wachsen Binsenbüschel in den Wiesen. Auf beiden Seiten wird das Tal durch herabkommende, mit Laubwald bestandene Bergrücken eingegrenzt. Rückwärts gewandt sieht man Belsen und ein mittelgroßes Hochhaus. Nach Nordosten, in der Ferne, ist der weit sichtbare Turm des Roßberges zu sehen. Im Vordergrund, auf einem Hügel, steht die Belsener Kapelle und im Osten der nahe Farrenberg mit seiner markanten Hochebene. Ein Stückchen des weiß leuchtenden Kalksteins des Mössinger Erdrutsches blinkt herüber. Dann fällt der Dreifürstenstein in den Blick, der während des ganzen Weges sichtbar bleibt, nur ab und an im Dickicht des Waldes verschwindet.

Es ist still. Kurz das Geräusch einer Kreissäge aus Belsen, das aber sofort vom Wind, der aus Süden den Hang herunterfegt, mitgenommen wird. Und das Blöken der erstaunlich zahlreichen Schafe linker Hand auf den Wiesen. Ansonsten sind die eigenen Schritte das lauteste Geräusch im Tal, gestört nur vom Lärm der Autos, die das kleine Sträßchen doch ausgiebiger nutzen, als ich angenommen hatte. In der Ferne, zwei, die noch das letzte Obst ernten. Blumen blühen nur noch spärlich. Hie und da sieht man einen Hahnenfuß, Schafgarbe, auch Kamille, oder einzelne Wiesenstorchschnabel und flockige Distelköpfe. Das Tal ist begrenzt und doch offen, durchzogen mit vielen kleinen bewachsenen Wasserläufen und den Obstbaumreihen und -gruppen. Braun und viel Grün bestimmen im Wechsel das Tal, eingerahmt von rotfarbenem Laubwald. Gerade in dieser Umgebung sticht der Abfall am Straßenrand besonders ins Auge. Hier, wo alles »Natur« und veränderlich ist, sind die Bierdosen, Schnapsfläschchen, Zigarettenschachteln und Papiertaschentücher störender als etwa in der Stadt. Die Straße brachte für Elsa sicherlich den Großteil des Abfalls mit sich. Achtlos wird er aus dem Autofenster geworfen. Ich kann mir nun gut vorstellen, wie sehr es Elsa gestört haben mag, täglich diesen unvergänglichen fehlplatzierten Dingen auf ihrem Weg zu begegnen. »*Wo i it gsei be, isch nonz gsei.*«

Nach vorne weitet sich die Kontur des Albtraufs stetig aus im Blickfeld. Hinter einer gemauerten bemoosten Steinbrücke über den Geißbach macht der Weg einen Linksknick und das Tal verengt sich merklich. Die Häuser hinter mir verschwinden gänzlich; kein Sendemast und kein Gebäude ist zu sehen. Hier, an der geschütztesten Stelle, sind Kirschbäume gepflanzt, blühen Flockenblumen, einzelne Glockenblumen und merkwürdigerweise auch Schlüsselblumen. Der Weg wird dichter von Wald und Anhöhen eingegrenzt, das Sichtfeld wird enger und links beginnt der Fichtenforst des »Stadtwaldes Mössingen Hirschental«. Ein Wiesenkessel beschließt die Freifläche und der Weg steigt hinauf nach links, wieder über den Geißbach, hinein in den Laubwald der rechts als »Buckensteig« Wald und links als »S'Wäldle« und »Rosenwirt's Stich« ausgewiesen ist.

Der Weg steigt bergan auf der einen Seite mit Nadelwald bestanden, auf der anderen zumeist mit Buchen, durchmischt mit Eichen und Ahorn, ab und zu zeigt sich auch eine Lärche. Tiefe Einschnitte von Bächen auch hier im Wald. Laut Karte hat Elsa das heutige Teersträßchen an einer eingezeichneten Hütte verlassen und ist dem alten Pfad gefolgt, der eine große Schlaufe der Straße abschneidet, und weiter in einer Geraden den Hang hochsteigt. Die Hütte kommt auch bald in Sicht. Eine grünlich gebeizte Holzhütte mit einfachem Unterstand und abgeschlossenem Raum. Kurz dahinter führt ein Pfad den Hang hinauf. Er ist steinig, bald steil und bedeckt mit Buchenblättern. Ich musste an Elsas Last denken, »*allas hanne messa hola, traga, desch äbbes gsei*«.

Mir selbst genügt in diesem Gelände das Gewicht meines leichten Rucksacks. Bald mündet der Pfad in einen breiten Forstweg und ein

An diesem Feldkreuz, das auf ihrer Wiese steht,
kam Elsa fast täglich vorbei.
Im Hintergrund der Dreifürstenstein.

Blick auf die Karte zeigt mir, dass dies einer der Wege ist, die mich bestimmt nicht zu Elsa führen. Wieder unten bei der Hütte angekommen, gehe ich bei der nächsten in Frage kommenden Abzweigung weit vorsichtiger vor. Der Weg führt in einen feuchten und matschigen Tobel, da hier feine Verästelungen von Bachzuläufen den Geißbach speisen. Auch hier bleibt zunächst unklar, welchen Weg Elsa nun gegangen ist, denn drei gleichmäßig verwilderte Waldpfade bieten sich an und führen nebeneinander den Hang hinauf. Nach längerem Hin und Her entscheide ich mich für den mittleren. Er führte steil und trocken bergan. Mit einem »*leichten Schühle*« wäre Elsa hier nicht weit gekommen. »*Scheene Schuah*« waren für sie Schuhe, mit denen sie, wie sie selbst sagte, »*laufa ka, wone will*«.

Bald entdecke ich Zeichen, die darauf hinweisen, dass es der richtige Weg ist. Links und rechts des bereits mit Buchensprösslingen verwachsenen und mit Laub verdeckten Weges, sind in die Buchenstämme Jahreszahlen, Namenskürzel und Herzen eingeritzt. Breit, durch das Wachsen der Bäume auseinander gezogen, steht: »Martin Buck 1909«, auf einem anderen »C. Buck 4.4.1921« und weiter den steilen Pfad nach oben »K. 1937, 29.10.1911«. Beinahe jede Buche ist übersät mit Einritzungen, fast jedes Jahrzehnt ist vertreten. Ich freue mich, sehen zu können, dass dies tatsächlich der einst vielbegangene alte Pfad ist, den Elsa bis zuletzt ging. »*I muaß laufa, laufa muaß i.*«

Unvermittelt kreuzte der Pfad die Straße, um diese nun vollständig zu verlassen. Der Weg ist auch hier an den Einritzungen zu erkennen: »H. Sch. 18.1.53«, »G. K. 27.6.26«, »B. D. 1960« und viele Spuren mehr. Nach einem kurzen Stück dreiteilt der Pfad sich erneut. Am deutlichsten ist noch ein schmaler Pfad in östliche Richtung. Er führt an einem feuchten, mit Farnen bestanden Hang entlang. Es riecht moosig und nach Pilzen und überall sind Spuren von Wildschweinen zu sehen. Einen tiefen Bacheinschnitt überquerend, ahne ich, dass ich den rechten »Elsaweg« verloren habe, und in dem dämmerigen Licht des Waldes denke ich an sie: »*dia hod koia Angscht ghed, mit dr Fackl dr Wald nuf, dia hot jo dr*

Weag gwisst«.⁴⁹ Kein Weg führt nach oben und so muss ich das letzte Stück steil bergauf klettern und komme viel zu weit östlich von Elsas Feldkreuz auf die Hochebene des »Rauzenfeldes« heraus.

Der Kirchturm taucht als erstes von Beuren aus einer Senke auf. Von hier aus sieht man keine Äcker, nur Wiesen mit ganz kurz geschorenem Gras. Am Feldkreuz angelangt, sehe ich, dass ihr Lieblingsgedicht fast unleserlich ist. Hier kam Elsa beinahe täglich vorbei, hier führte der richtige Pfad ins Tal hinunter und hoch, wie Elsa mir erzählte: Und da, da ist man runtergegangen nach Belsen. (...) Beim Heimlaufen bin ich immer da vorbeigekommen, oft in der Nacht, so lange habe ich geschafft, *»oh i han fill gschaffat«*, dann bin ich schnell vorbei, ich wollte schnell heim. Ihre Spur, weiter nach Beuren über die Wiesen, ist längst nicht mehr zu sehen. Doch kann der Weg nun nicht mehr verfehlt werden. Der Dreifürstenstein schaut von links herüber. Beuren liegt hinter zwei sanften Wiesensenken auf einer Anhöhe, dahinter liegt stufenförmig versetzt der Albrand. Rechts schließt ein ringförmiger Baumbestand den Horizont ab. Der Himmel erscheint in dieser Weite eindringlicher. Die Wiesensenken, durch Raine mit Hecken aus Hagebutten und Schlehen abgetrennt, verschlucken Beuren kurz, dann ziehen sich die ersten Gärten vom Dorf herunter und spätestens bei den weit auseinander liegenden Obstbäumen wusste Elsa, dass sie zu Hause war. *»Do bene, jo, do bene hom«*.

Auch mir würde jetzt, wie Elsa, eine deftige Mahlzeit und ein Bier schmecken. *»Essa hot se kenna, essa hotse kenna, wian en Drescher.«*⁵⁰ Doch das Gasthaus zur Linde hat schon seit Jahren geschlossen und das andere Wirtshaus im Dorf hat Ruhetag. Ich schaue noch bei Elsas Haus vorbei. *»I be halt d'Elsa Saile. Ibrall ›komm Elsa, komm‹. Mi hot ma halt gholad zo ällem, ›komm‹. Allas hanne messa hola, traga, desch äbbes gsei, ohh.«*

SPURENSUCHE

Von Haigerloch bis Gammertingen

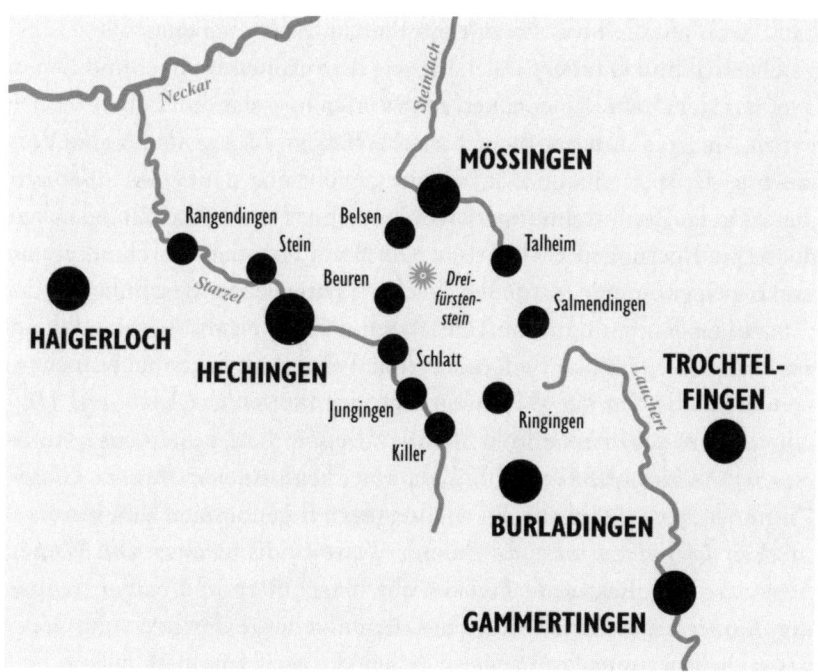

Elsas Botentum deckte ein beachtliches Gebiet ab, das sich in seiner größten Ausdehnung von Haigerloch bis Gammertingen erstreckte[51]. In den nächstgelegenen Städtchen Mössingen und Hechingen war sie selbstverständlich bei den Handwerkern, Kaufleuten und vielen anderen Personen bekannt. Ebenso in den Dörfern des Steinlach- und Killertals. Von Stein bei Hechingen erzählte sie viel, Sickingen und Haigerloch erwähnte sie, durch Schlatt kam sie häufig, in Burladingen, Trochtelfingen, Gammertingen hatte sie Verwandte, auch nach Salmendingen marschierte sie, allein schon der beeindruckenden Kapelle wegen.

Drei Handwerkerfamilien habe ich besucht, zu denen Elsa ging, um Dinge zu bringen und zu holen: einen Schuhmacher aus Mössingen, einen Wagner aus Belsen und einen Rechenmacher aus Mössingen. Sie erzählten aus ihren Erinnerungen, welche Dinge Elsa zu ihnen gebracht hatte, wohin sie mit welchen Gegenständen sonst noch ging, wie sie ausgesehen hat und von Persönlichem, wie dem großen Hunger und Durst, den Elsa stets hatte. Sie erzählen auch von sich, von ihrem Leben, das ich neben den Erzählungen über Elsa stehen lassen möchte, damit eine Vorstellung darüber entstehen kann, wer erzählt und damit der »Geruch« der anderen Zeit erschnuppert werden kann. Denn Elsa war nicht nur die letzte Botengängerin, mit ihr verschwinden auch die Handwerker und die Gegenstände mit denen sie zu tun hatte. In der Beschreibung des Oberamtes Rottenburg von 1899 fällt mir die Vielzahl der Handwerke auf, von deren Tätigkeit ich nicht einmal eine Ahnung habe. Dort wird vermerkt, dass im Vergleich von 1828 zu 1895 »*die Grob- und Hufschmiede, Kupferschmiede, Schlosser, Wagner, Sattler, Schreiner, Korbmacher, Kübler und Küfer, Buchdrucker, Schuhmacher, Maurer, Glaser, Ziegler*« (...) zugenommen haben, hingegen abgenommen haben »*insbesondere die Leineweber, die Baumwollweber, die Stricker und Wirker, ferner die Nagelschmiede, Seifensieder, Seiler, Bäcker, Metzger, Schneider, Barbiere, Zimmerer.*«[52] Es verschwindet die gesamte Art und Weise des täglichen Umgangs mit den Dingen, die sie gehandhabt haben.

Die Schuhmacherwerkstatt in Mössingen

»Das Schuhmachergewerbe weist unter allen Gewerben des Bezirks die größte Anzahl von Betrieben auf. Die 246 Schuhmacher sind indessen zum größten Teil (86%) Alleinbetriebe und reine Flickschuster. Von den Bezirksorten zählt Mössingen 53 (...)«, heißt es weiter in der Oberamtsbeschreibung Rottenburg von 1899.[53] Der Schuhmacher in der Karrengasse in Mössingen betreibt nur noch spärlich sein Handwerk. Der Werkstattraum besteht zwar noch, jedoch ist alles schon ziemlich verstaubt und durcheinander: ein Regal mit Holzmodellen und alten Schuhen, Maschinen, Werkzeuge und andere Gegenstände, die der Schuhmacher sammelt. Er zeigte mir ein Schuhmacherbuch, das noch von seinem

SPURENSUCHE

Meister stammt, in dem die Fußmaße der Kunden, ihr Name und die Ortschaft verzeichnet sind, damit weitere Schuhe nach Maß für sie angefertigt werden konnten.

Elsa kam schon zu seinem Meister und dann, als er selbst das Geschäft übernommen hatte, weil dessen Sohn früh gestorben war, kam sie auch weiterhin zu ihm. Auch noch, als er in ein anderes Haus umgezogen war. Elsa sei schon als kleines Mädchen mit ihrem Vater zum Einkaufen nach Mössingen gegangen. Der Vater sei früh gestorben. Danach sei die Elsa noch ab und zu mit ihrer Mutter gekommen. Mit der Schwester Josefine habe Elsa sich, seines Wissens, nicht besonders gut verstanden, aber von den Brüdern habe sie immer ein kleines Foto im Rucksack gehabt. Immer viel unnötiges Zeug und »Kruscht« sei im Rucksack gewesen. Die Beurener seien damals alle nach Mössingen zum Einkaufen gegangen und die Handwerker von Mössingen nach Beuren. Elsa brachte ihm Schuhe von Beuren zum Reparieren. Wenn es Kleinigkeiten waren, machte er sie sofort und meist umsonst. Elsa wollte dann eine Rechnung haben und er fragte sie, wie viel er draufschreiben solle. Meist sagte sie ein paar Mark mehr, damit sie auch noch was daran verdiene. »Gell, d'Elsa war scho a Luadr«, meinte er zu seiner Frau gewandt.

Sonst erfuhr ich darüber, was Elsa erzählte und was sie dabei hatte, nicht sehr viel. Am liebsten berichtete er davon, dass er gerne sammle. Auch Elsas Stock hätte er gerne gehabt, damit er einmal sagen könne, der sei von Elsa gewesen. Aber Elsa habe ihn nicht hergeben wollen. Todesdaten und andere wichtige Ereignisse trage er in einzelne Kalenderblätter ein, z. B. würde er das auch machen, wenn die Elsa einmal stirbt. Elsa konnte rechnen und schreiben, doch er zweifelte daran und meinte, dass man früher nicht so auf die Schulbildung geachtet habe.

Er zeigte mir ein kleines Farbfoto mit seinem Sohn und Elsa. Elsa hatte lange schwere Stiefel, Mantel, Mütze, einen karierten Rock an und saß mit sehr roten Wangen auf einem Stuhl in seiner Werkstatt. Das Bild sei von 1980; da war Elsa 70 Jahre alt. Frau M. erzählte, dass sie Elsa ein schönes leichtes »Schühle«, aus weichem Leder und in kleinerer Größe angeboten habe. »*Die hät beschdimmt 38 traga könna, hat aber immer so große schwere Schuh a.*« Die Schuhe wollte Elsa aber nicht haben. Sie sagte, sie brauche so große Schuhe, sonst könne sie nicht laufen. Doch jetzt, im Altenheim, habe sie auch kleinere an.

Die Wagnerwerkstatt in Belsen

Es war Anfang September und ein schöner warmer Tag. Endlich hatten wir einen Tag gefunden, an dem auch die Familie F., die eine Wagnerwerkstatt in Belsen hat, Zeit für ein gemeinsames Gespräch über ihre Erinnerungen an Elsa hatte. Denn die Tage davor mussten, des schönen Wetters wegen, noch Kartoffeln gerodet und Obst geerntet werden. Ich suchte die Werkstatt erst im Ortskern von Belsen, musste dann aber erstaunt feststellen, dass die Adresse mich zu einem Haus etwas außerhalb führte. Warum, erfuhr ich kurz darauf. Leider war Herr F. nicht zu Hause.

Zuerst erzählte sie über ihre Herkunft und wie sie ihren Mann kennen lernte. Frau F. ist in Messkirch geboren, aber ihr Mutter stammt von dem Hof zwischen Jungingen und Killer. Sie hatte ihren Mann während des Krieges in Beuren kennengelernt. Durch Verwandtschaftsbesuche der Mutter ist sie wieder in diese Gegend gekommen. Ihre Eltern hätten gesagt, der ist doch nichts für dich, der ist doch 10 Jahre älter. Gleich nach dem Krieg haben sie geheiratet. Ihr Mann war im Krieg Sanitäter in Russland und kam dann kurz in englische Gefangenschaft. Er ist jetzt 86 Jahre alt und sie 76 Jahre.

Er hat seine Lehre als Wagner in Mössingen gemacht und dann in der Stielfabrik gearbeitet. Nach dem Krieg baute er sich bei seinen Eltern in der Dorfmitte von Belsen ein Wagnerwerkstatt aus. Die Elsa habe das gleich erfahren. Sie habe immer alles gleich mitbekommen und ist zu ihm gekommen mit allem Möglichen: mit einem kaputten Axthelm (Axtstiel) oder Hauhelm (Hackenstiel), einem Häule (kleine Hacke), einer Sense, wo's Hörnle (der rechte Halt am Sensenstiel) gefehlt hat, einem Wagscheitle (Teil eines Holzwagens), Atraggabel (langzähnige, flache Holz-

In der Wagnerwerkstatt standen zwischen den halb fertigen Beilstielen, den Hobeln und Nägeln seltene Objekte. Sie werden »Omeln« genannt und sind zusammengenähte Rindenkörbe, meist aus Birkenrinde, mit einem Boden aus Holz. Mittels einer Schnur und einer daran befestigten Astgabel können sie etwa zum Kirschenpflücken an die Bäume gehängt werden.

gabel, mit der man das gemähte Korn zum Bündeln auf den Garbenstrick gelegt hat), mit Sägasawarb (Sägenstiel) oder Gabelstielen für Holzgabeln oder Eisengabeln. Die Eisengabeln hat man erhitzt, dann konnte man den abgebrochenen Stiel herausziehen und einen neuen einsetzen. Beilstiele, Hammerstiele und auch Habergeschirr hat sie gebracht. Manchmal bis zu drei bis vier Habergeschirre hat sie auf dem Buckel gehabt. Wagenräder habe ihr Mann auch gemacht; die konnte Elsa jedoch nicht schleppen, die haben die Leut selber gebracht. Auch Leitern, Rechen und später ganze Lastwägen voll Obstkisten habe er gemacht.

Doch dann gings bald nicht mehr mit der Wagnerei und ihr Mann habe erst halbtags bei der Post am Ort geschafft und dann ganztags, als es mehr wurde. Letztendlich seien es 25 Jahre geworden. Das sei auch gut so, sonst hätten sie jetzt keine Rente. Damals habe man nirgends was bekommen, jetzt bekomme man ja Geld fürs Nichtstun. Frau F. musste auch schaffen, es habe ja hinten und vorn nicht gereicht. Sie war im »Dritten Reich« Kindergärtnerin und wollte danach wieder in ihrem Beruf arbeiten, aber damals wollte man keine, die im »Dritten Reich« Kindergärtnerin war. Sie habe aber auch so viel gekonnt, nähen und so. Da habe sie sich gedacht, ich suche halt was anderes.

Später haben sie die Werkstatt neben das Wohnhaus verlegt. Erst wollte ihr Mann die Werkstatt ganz aufgeben, als er ganztags gearbeitet hat, aber die Leut haben gesagt, »*wo sollense denn s'Zeug na bringa, wenns nemad me macht.*« Die Elsa ist dann auch hierher gekommen, in das Haus, das 1938 von ihrer »Ehme« gebaut wurde, mit der sie anfangs zusammengelebt haben und dann haben sie die Geschwister ausgezahlt, damit sie das Häusle haben konnten und eine Werkstatt angebaut.

Einmal habe es geklingelt. Sie habe gedacht, »*wer isch au des*«, ihr Mann sei nicht da gewesen. Dann habe sie die Elsa durch die Glastür erkannt und nicht aufgemacht. Sie habe zu sich gesagt: »*wenn da dia ez rei losch, kommsch zo nix me*«. Elsa hätte immer erstmal einen Most gewollt und etwas zu essen und dann hätte man sie nicht mehr los gekriegt. Elsa sei dann noch lange auf »*dr Hausstaffl*« gehockt, vielleicht habe sie gedacht, dass man ihr trotzdem noch aufmacht. Außerdem, sagte Frau F. später, wäre ein Grund auch noch gewesen, dass die Elsa so gestunken habe, und das wollte sie nicht in ihrem Haus. Richtige Dreckflecken am Hals hätte sie gehabt. Als sie älter wurde, sei sie immer verwahrloster geworden. Schon immer hätte sie, auch jung, ihre Schürze oder im Winter einen schwarzen Mantel angehabt und ein Kopftuch auf und ihre großen Schuhe an.

Elsa habe immer gesagt, sie hätte noch nichts gegessen und Durst habe sie auch. Brot und Most hat sie bekommen, den hat sie gerne gemocht.

*Eine Mitfahrgelegenheit war auch der Botin Elsa willkommen.
Deshalb schnell den Mantel angezogen, den Rucksack aufgesetzt,
mit dem Karton Eier rauf auf's Moped und ab den steilen Weg nach Beuren hoch.*

Auch meinte Elsa, dass man mehr für die Reparatur verrechnen solle, damit sie auch was davon habe, denn »*d'Leit*« würden nicht gut bezahlen. Sie behauptete, dass die Beurener sie »*raschicka*« würden, aber wenn man die Beurener fragte, haben die immer gesagt, die Elsa käme zu ihnen und würde fragen, ob man was zum »*Ratraga*« habe. Manchmal hätten die Leut auch »*en Dreck an se nagschwäzt*« und sie ausgefragt, dann habe sie so Zeugs erzählt, dass dr Schultes sie betrogen hätte, und sie hätte ja »*nix me, koi Geld ond nix*«. Aber das erzählen alle alte Leut. Dann konnte sie auch mal sagen, der Wagner in Mössingen, der hat mir das billiger gemacht. Nein, dumm im dem Sinn war sie nicht. Nach Mössingen hat sie auch Schuhe gebracht und oft hatte sie auch Geschirr und Töpfe dabei. Manchmal ist sie oft gekommen, dann hat es wieder sein können, dass sie den Zug woanders hin hatte. Die ist viel rumgekommen. Und wenn sie bei den Gaishäusern naus ist, um hoch zu laufen, da hat sie auch mal geklingelt, und gefragt, ob sie Brot für sie haben. Weiß nicht, wie es sonst mit kochen war. Früher hat sie schon mal erzählt, dass sie eine »*Sau gmezget hond.*« Meistens ist es Nacht geworden, bis sie wieder hoch gelaufen ist. Sie habe Elsa mal gefragt, ob sie keine Angst habe, vor »*de Wildsäu*«. »*Dia deradra nix.*« Und tatsächlich, ihr ist ja auch nie was passiert.

Einmal ist sie gerade runtergekommen, da war mein Mann im Obstgarten. Der hatte schon damals ein Motorrad mit Anhänger. Der war der Erste, der ein Motorrad gehabt hat, der hat halt gespart und nicht alles gleich wieder »*nausghaua*«, wenn er was bekommen hatte. Da kam die Elsa und hat gewunken und gefragt, ob sie mitfahren dürfe. Aufs Motorrad hat er sie nicht gelassen, aber in den Anhänger ließ er sie sitzen. Er hat gesagt, auf dem Motorrad wollte ich sie nicht haben und dann »*hebt dia sich no an mir, do bin i jo s'Gschbet von de Leit, ond stenka duat se au.*« Eine glatte Haut hat sie aber immer gehabt.

Im Winter ist sie selten gekommen. Höchstens mal im frühen Frühjahr, aber da oben lag immer viel Schnee, außerdem gab es da auch nicht so viel zu tun, als in der Zeit, wenn »*gheubat*« wird. 20 Jahre werden es schon her sein, seit sie nicht mehr gekommen ist.

*Das Haus des letzten Rechenmachers in Mössingen.
Im Anbau links befand sich seine Werkstatt.*

*Viel haben sie »gschaffat« in ihrem Leben: die Wagners,
die die Rechenmacherei als Letzte ihres Handwerks betrieben.*

Die Rechenmacherwerkstatt in Mössingen

»Außer den gewöhnlichen Gewerben findet sich in Mössingen als Spezialität die Anfertigung von hölzernen Rechen und Gabeln, jetzt nicht mehr so bedeutend wie früher, wo die jährliche Produktion sich auf 50–60 000 Stück belief, immerhin giebt es noch 30–40 Rechen- und Gabelmacher, zumeist mit dem Familiennamen ›Wagner‹; früher wurden nur junge Leute von der Familie in die Geheimnisse eingelernt, daher die heute noch übliche Bezeichnung ›Gabelfürst‹; die Rechen und Gabeln werden nach auswärts, zum großen Teil hausierweise, abgesetzt.«[54]

Ein großer Walnussbaum steht vor dem Bauernhaus des Rechenmachers in Mössingen. Seit 1750 betreiben die Wagners, bereits in der 7. Generation, das Rechenmacherhandwerk. An der Hofinnenseite der Werkstattwand ist Holz gestapelt und unter einem Holzverschlag daneben steht eine Stichsäge, die nicht mehr ins Werkstattinnere passte und nun mit einem Keilriemen mit dem Werkstattinneren verbunden ist. Vor der Haustüre liegt als Tritt ein großer Sandstein, links daneben eine Reihe alter Geranienstöcke. Alles ist liebevoll in Stand gehalten, aber nicht »auf alt gemacht«.

Mein Klingeln wird nicht gehört. Später öffnet sich das Scheunentor und Frau Wagner führt mich, durch die angenehm kühle Scheune (an diesem heißen Septembertag), auf die Hinterseite des Hauses, an der es eine Überdachung für allerlei Dinge gibt. Dort sitzt Herr Wagner in seinem Liegestuhl. Er hat eine saubere blaue Arbeitshose und eine »Schaffschürze« an, sie eine Kittelschürze, die lebenslange Arbeitstracht. Beide machen für ihr Alter einen regen Eindruck. Sie ist 1909 geboren, er 1903. Mit ihren wachen und kritischen Augen bestreitet Frau Wagner meist das Gespräch. Sie redet von ihrem Mann manchmal in der 3. Person und fragt ihn ab und zu etwas, da bei ihm das Reden etwas langsamer geht. Sein Körper ist schmal, auch sein Gesicht, dessen Haut vom Leben gegerbt wirkt. Beide machen einen offenen und, trotz des vielen »Schaffens« den Eindruck, als seien sie zusammen zufrieden. Frau Wagner hatte schon eine ganze Mappe voll Zeitungsartikel bereitgelegt, die über ih-

ren Mann als den letzten Rechenmacher berichten. Sie zeigt mir ein Foto vom 6.7.1994 auf dem Elsa und ihr Mann in der Werkstatt zu sehen sind. Da war Elsa aber schon im Altenheim und sie wurde nur für den Videofilm[55] noch einmal an ihre gewohnten Stätten gebracht. Selbst Schulklassen kamen und schauten sich die Werkstatt an.

Elsa sei oft zu ihnen gekommen, wie oft und seit wann und seit wann nicht mehr, konnten sie nicht sagen. Woher sie gerade kommt und wohin sie noch gehen muss, habe sie immer erzählt. Vollbepackt sei sie immer gewesen. Einmal habe sie ein Ofenrohr dabei gehabt, dann wieder Kessel, die beim Flaschner geflickt werden mussten, oder Schuhe und Stiefel für den Schuhmacher. Sie sei gekommen mit ihren großen Schuhen, die ihr sehr in Erinnerung geblieben seien, und habe sich oft erst mal auf die »Schdeffl« (Haustreppe) gehockt. Müd sei sie schon immer gewesen, und durstig, sagte da Herr Wagner schmunzelnd. Most und Sprudel habe es bei ihnen gegeben, kein Bier. Dann habe sie auch oft was zu essen gekriegt. Sie habe überall gegessen, draußen auf der »Schdeffl« oder auf der Treppe, und oft haben sie zusammen oben mit ihr gegessen. »Heikel« sei sie nicht gewesen und keine stolze Person, sie habe sich schon auch was sagen lassen, vielleicht ein bisschen einfältig. Geschimpft habe sie bei ihnen auch nicht. Ja, auch winters sei sie gekommen, wenn nicht gerade viel »Schnai« gelegen sei und in der Dunkelheit habe sie an bestimmten Stellen eine Laterne stehen gehabt. Sie habe immer gleich bezahlt. Soviel sie sich erinnern können, wird sie ihr »Sach« schon bezahlt haben. Manchmal habe sie gesagt, dass die Leut ihr den ausgelegten Betrag nicht richtig erstatten.

Herr Wagner erzählt, dass er zwei Jahre in Russland im Krieg war. Ja, das sei eine harte Zeit gewesen, alleine mit den drei Kindern und der Landwirtschaft, meinte Frau Wagner. Ihre Schwiegermutter und ihre Tante hätten allerdings auch noch im gleichen Haus gewohnt. Einen Stier, eine Kuh, ein Kalb, eine Ziege und Hühner haben sie gehabt. Da musste man schon schauen, dass die alle was zu fressen haben, und die Schwiegermutter hatte noch ihre eigene Kuh mit im Stall stehen gehabt.

Wilhelm Wagner: der letzte »Gabelfürst«, wie er noch heutzutags etwas spöttisch genannt wird, ist Anfang November 1997 gestorben.

Mit den Kühen hätte man da noch auf den Acker gemusst. Nur einmal hätten die von der Partei die Wiese gemäht. Das Mädchen wurde im Krieg geboren. Gerade als er Heimaturlaub hatte, sei an einem Sonntag die Taufe gewesen. Eigentlich hätte er am Samstag wieder fahren müssen, da habe er angefragt, ob er noch am Sonntag für die Taufe zu Hause bleiben dürfe. Da hätten die gesagt, das wäre ja lächerlich, wegen einer Taufe zu Hause bleiben zu wollen. Während des Kriegs sei beinahe der Stubenboden runtergebrochen, weil der Stall unter der Stube war. Stützen hätte man ihn müssen, und sie hätte immer Angst gehabt, wenn die Kinder mit dem Holzschaukelpferd darauf geschaukelt hätten, dass er runterbricht. Zum Rechenmacherhandwerk hatten sie zusätzlich immer noch Landwirtschaft und später ging Herr Wagner zu Pausa, einer Textildruckerei in Mössingen.

Dann zeigte Herr Wagner mir seine Werkstatt. Der Vater habe nie Maschinen gewollt. Erst später habe er die Stielhobelmaschine, die Stichsäge, die beide auch schon ziemlich antiquiert aussehen, und eine neuere Hobelmaschine gekauft. Die Stiele kauft er jetzt ebenfalls fertig. Überall liegen Rechenköpfe, »Häupter«, mit Bohrungen, in die die Zinken, auch »Nägel« genannt, eingefügt werden. Für die »Bögle« wird die Saalweide gekocht, damit sie mittels drei verschieden großer Holzräder gebogen werden kann. In gebogenem Zustand werden sie in eine Art kleine Leiter eingespannt, damit sie ihre Form beibehalten. Diese drei Weidenbögen verbinden, zur Stabilisierung, den Stiel und das »Haupt« und sind des Rechenmachers ganzer Stolz und sein Wahrzeichen, da es auch noch eine neuere Version mit Draht gibt, die er aber nicht so liebt. Ein Holzrechen kostete 18 Mark.

DIE BOTENGÄNGERIN

»Ich bin ein berayter pot zu fuesz
Derhalb ich mich vil lejden muesz
Es sey gleych Schnee, Wint oder Regen
So muesz ich doch hinausz allwegen
Zu Wasser ümbt lande überal
Über hoch berg und tieffe thal
Durch finstere wald, stauden und hecken
Da mich offt die schnaphannen schrecken
Umb mir als nemen, was ich thu tragen
Umb mir die hawt dazu vol schlagen«.[56]

Nach Otto Lauffer, der der Herkunft seines Namens nachging, haben wir es, vom Mittelalter ausgehend, vor allem mit zwei Bezeichnungen zu tun. *»Die eine ist die des Laufers oder Läufers, die andere ist die des Boten. Von beiden ist der Name ›Läufer‹ der ältere. ›Bote‹ kommt unter den Berufsbezeichnungen von Frankfurt a. M. im 14. Jahrhundert nur vereinzelt, und zwar meist für den Stadtboten vor, tritt aber im Laufe des 15. Jahrhunderts ganz an die Stelle des früher gebräuchlichen ›Leuffer‹.«*[57]

Diese »Läufer« oder »Boten« waren Brief- und Geschäftsboten, zuweilen überbrachten sie wohl auch mündliche Nachrichten. Sie standen im Dienste von Klöstern, Orden und Universitäten, später auch zunehmend von Städten, Kaufmannsvereinigungen und Landesherren. Ihre Entlohnung bestand neben barem Geld häufig aus Vergünstigungen wie freie Wohnung, Tuch für die Botenkleidung, Befreiung von öffentlichen Lasten.

Die Botenkleidung war zunächst dem niederen Stand entsprechend aus grauem Tuch, später war sie zum Teil in den Wappenfarben der Städte oder adeligen Dienstherren gehalten und konnte dann sehr bunt sein. Nach der Vereidigung erhielten die Boten ihr wichtigstes Kennzei-

*Die Botin kannte jeden Weg und jede Straße.
Sommers wie winters war sie unterwegs mit ihrem Rucksack.*

chen, die Botenbüchse, die manchmal versilbert und mit dem jeweiligen Wappen verziert war. Sie diente zur sicheren Unterbringung der Briefschaften. Zur Ausrüstung gehörte ferner das Botenabzeichen, das aus einem Lederschildchen, später aus einem an einer Kette hängenden Silberschildchen bestand. Das eigentliche Zeichen ihrer Legitimität war der Botenstock, zunächst in Form eines einfachen Stabes, später mit einer Gabel am oberen Ende. Bei besonderen Anlässen, z. B. Ankündigung einer Fehde, wurde der Brief in die Gabel gesteckt und dem Empfänger feierlich überreicht.

Die zurückgelegten Wegstrecken waren sehr unterschiedlich. Reiseziele konnten sowohl benachbarte Städte als auch weit entfernte Orte und sogar fremde Länder wie Italien, Frankreich oder die Niederlande sein. Im Übrigen war der Botendienst bei der Unsicherheit der Landstraße nicht ungefährlich. Es wird immer wieder von Überfällen, Beraubungen und sogar Ermordungen von Boten berichtet.

Private Aufträge durften die Boten ohne Genehmigung des Dienstherren nicht ausführen. Aus diesem Grund und auch wegen der unregelmäßigen Abgangs- und Ankunftszeiten und der beschränkten Anzahl der Zielorte kann von einem Postwesen im heutigen Sinn nicht gesprochen werden.

Mit Beginn der Neuzeit genügte das Botenwesen nicht mehr den gestiegenen Anforderungen an eine regelmäßige und weiträumige Nachrichtenübermittlung. Ausgehend von den österreichischen Landen erlangte das Haus Thurn und Taxis zu Anfang des 17. Jahrhunderts das ausschließliche Recht der Postbeförderung im Deutschen Reich. Damit ging die Geschichte der mittelalterlichen Läuferboten als Nachrichtenübermittler zu Ende.

In einer anderen Form aber hat sich das Botenwesen bis ins 20. Jahrhundert hinein erhalten. Die Abgelegenheit vieler Dörfer, die schlechten Verkehrsverbindungen und das Fehlen von individuellen Verkehrsmitteln machten es für die Einzelne/den Einzelnen oft schwierig und zeitraubend, Besorgungen in der nächstgelegenen Stadt selbst vorzuneh-

Oft musste Elsa in stockdunkler Nacht durch den Wald nach Beuren hinauf.

men. Diese Aufgabe übernahmen Personen, welche ohne amtlichen Auftrag und Anstellung Waren transportierten, Bestellungen entgegennahmen und ausführten, Einkäufe tätigten und der AuftraggeberIn ins Haus lieferten.

Im Oberamt Riedlingen, durch seine Lage am Albrand mit dem Raum Hechingen vergleichbar[58], bestand noch im Jahre 1923 ein ausgedehntes Botennetz, welches fast alle Gemeinden umfasste (ca. 50). Meistens ist von fahrenden Boten, offenbar mit Frachtfuhrwerken, die Rede, es finden aber auch zu Fuß gehende Boten Erwähnung. Die Funktion dieser Boten wird offenbar als bekannt vorausgesetzt und deshalb nicht näher erläutert. Nur einmal, bei der Gemeine Heiligkreuztal, erfolgt eine Präzisierung: »*Der fahrende Bote von Andelfingen macht vor- und nachmittags je ein Bestellgang im Ort.*«[59]

In der Oberamtsbeschreibung Rottenburg lassen sich hingegen weit weniger Hinweise auf das Botengängertum finden. Um 1900 werden drei Botengänger für das gesamte Oberamt angegeben. Auch hier wird ihre Aufgabe nicht näher beschrieben. »*Der Gruppe Verkehrsgewerbe gehören an: 1 Posthalterei und Personenfuhrwerk, 24 Frachtfuhrwerksbetriebe, 3 Botengänger, 9 Leichenbestatter und Totengräber.*«[60] Die Aufzählung zeigt, dass zwischen Frachtfuhrwerk und Botengänger unterschieden wird, also zwischen fahrenden und zu Fuß gehenden Boten. Sie zeigt zugleich das soziale Umfeld und die soziale Rangordnung, in der das Botengängertum stand. In den Ortsbeschreibungen des Oberamtes Rottenburg finden sich wiederum nur fahrende Boten. In der Ortsbeschreibung Mössingen heißt es: »*Wöchentlich einmal fährt ein Frachtfuhrwerk von Belsen nach Tübingen, von Mössingen nach Reutlingen und Hechingen.*«[61] und in der Tahlheimer ist vermerkt: »*2 Frachtboten fahren wöchentlich einmal nach Reutlingen, 1 Frachtbote wöchentlich einmal nach Tübingen und nach Bedarf mehrmals nach Mössingen.*«[62]

Wie Elsa zur Botengängerin wurde, kann nicht eindeutig geklärt werden. Ob es überhaupt je eine Botfrau gab, zudem noch eine, die nur nebenbei Nachrichten von Hochzeiten, Taufen, Beerdigungen überbrachte, hauptsächlich aber Dinge hin und her trug, darüber konnte ich nichts finden. Auch Otto Lauffer berichtet, allerdings nur für den Bereich der Nachrichtenübermittlung, von einer extremen Ausnahme: »*Übrigens sehen wir gelegentlich, dass nicht nur Männer, sondern auch einmal eine Frau zu Botendiensten verwandt wurde. Im Jahre 1361 stellten die Juden gemeinsam für ihre verschiedenen auswärtigen Geschäfte und Geschäftchen eine arme christliche Frau an, die deshalb von der Bevölkerung die ›Judenlouffern‹ genannt wurde. Aber das ist ein Sonderfall. Sonst haben wir es überall immer nur mit Männern zu tun.*«[63]

Bekannt ist, dass Elsa schon in frühester Jugend mit dem Vater ins Tal gegangen ist, nach Beuren und Mössingen, um dort für die eigene Familie und vielleicht auch für andere Besorgungen zu tätigen. Manchmal

Schwer bepackt vor der Metzgerei Felger in Belsen.

wurde es dabei sehr spät und Elsa ist deswegen in der Schule eingeschlafen: »*No hotse gschlofa, des waß i au no, ded hot se uf dr Baank allmol gschlofa. Ond warom, se isch bei Nacht, isch se dr Wald rufgloffa, mit ihrem Vadr, do hot dia it gschlofa, do send dia nachts om ois oder zwoi erscht rufkomma, mit dr Ladern. Der isch ällaweil nagloffa, der hots Brot gholad donn, Belsa onds Messenga, eikauft.*« Nach dem Tod des Vaters ist Elsa noch einige Male mit ihrer Mutter in Mössingen beim Einkaufen gesehen worden. Danach machte sie die Besorgungen alleine. Auch bei weiten Botengängen kehrte sie immer abends nach Beuren zurück, denn wie sie sagte, konnte sie nicht ihre Mutter alleine lassen. Dabei wurde es zwangsläufig spät und sie musste oft in stockdunkler Nacht den Trampelpfad durch den Wald von Belsen nach Beuren hochgehen. Doch, wie in keiner Erzählung und in keinem Zeitungsbericht unerwähnt bleibt, »Angst hatte die keine«. Elsa kannte ihren Weg durch die unzähligen Male, die sie ihn ging, wie im Schlaf. »*Hoscht du denn koi Angscht*«, fragte Frau R. sie. »*Noi, i han jo a Messer drbei, ond wenn d'Wildsaua kommat oder d'Raiber, i han jo a Messer drbei*«, habe Elsa geantwortet.

Tatsächlich aber wurde ihr einige Male aufgelauert, und Elsa von Männern belästigt, denen sie manchesmal den »Frack verdrosch«, denn wehrhaft war sie unbedingt, doch manchesmal erging es ihr auch schlecht, und sie wurde missbraucht. »*Eine ganze Reihe solcher Boten sind bei Wahrnehmung ihres Dienstes schwer verletzt, beraubt und ermordet worden. (...) Es ist deshalb begreiflich, dass nur kühne und kräftige Männer sich dem aussetzten (...)*«[64] »Kühn« und »kräftig« war Elsa, gleich den beschriebenen Boten im Mittelalter. Und auch ihr Aussehen, mit ihrem Stock und dem schwarzen Mantel, mit ihren schweren Schuhen und genagelten Stiefeln, den Mützen, Fellkappen, der gestrickten Spitzhaube mit Ziegenpelz und den groben Handschuhen, wird sich nicht wesentlich von dem eines grau bewandeten Boten in den Anfängen des Mittelalters unterschieden haben. Dennoch ist ihr Körper eben ein weiblicher und er wurde trotz der Ver-Kleidung so wahrgenommen und angegriffen.

Gegen die Dunkelheit hatte sie an bestimmten Stellen am Waldrand eine Laterne stehen. Kam sie aus einer anderen Richtung, hatte sie ihre Taschenlampe, die sie sich mit einer Schnur um den Hals hängte, damit sie die Hände frei hatte. »*No isch se oft z'Nacht om zwoia isch se hoim komma. Dia hod koia Angschd ghed. Se isch emmer hoim komma. Jo, jo, mit dr Fackl dr Wald nuf, dia hod jo dr Weag gwisst. Jo, se hot jo au en Lampion ghed, ond se hot ällweil a Daschalamp ghed, sei bessr wia a Laderna, hot se allamol gsaid.*«

Ihr Lohn war eher bescheidener als der ihrer Namenskollegen im Mittelalter. Da machte es sich bemerkbar, dass sie eine »Freie« war und nicht auf einen festgesetzten Lohn oder gar Kleidung rechnen konnte wie die offiziell dazu berufenen Botengänger. Ihr Lohn war meist Essen und Trinken und vielleicht ein paar Mark zusätzlich. Wohl bekam sie auch Kleidung geschenkt, jedoch war sie immer auf die Gutmütigkeit der Leute angewiesen. Deshalb ließ sie, damit sie etwas hinzuverdiente, bei den Handwerkern einen etwas höheren Betrag auf die Rechnungen ihrer AuftraggeberInnen schreiben.

Irgendwann wurde Elsa dafür bekannt, dass sie Botengänge machte und den Leuten bei der Arbeit half. Die beiden Beurenerinnen meinten: »*Dia hot ondr d'Leit wella*«, deswegen sei sie Botengängerin geworden. Gerne geredet habe sie und mit allen. Und immer ein freundliches Wort habe sie gehabt, auch wenn sie noch so schwer beladen war. Wer ihr Gutes getan hat, die habe sie nicht vergessen und schloss sie in ihr Gebet mit ein. Sie fehlte bei keiner Beerdigung eines Menschen, der ihr wohlgesonnen gewesen war. Während ihrer Botengänge hat sie gesungen und gebetet, den Rosenkranz wohl behütet in der Manteltasche.

Außer dem Botendienst hatte Elsa ihre bestimmten Häuser, wo sie zum Helfen hinging. Sie fragte an, ob es etwas zu tun gäbe, oder wurde von den Leuten gerufen, wenn eine Arbeitskraft gebraucht wurde. Elsa erzählte lachend: »*I be halt d'Elsa Saile, ibrall ›komm, Elsa, komm‹, hop. Mi hot ma halt gholad zo ällem, ›komm‹.*« (Sie lachte dabei sehr und sagte immer wieder laut: »*Komm*«.) *I haus halt kenna, wone it gsei*

Elsa mit Rechen und Rucksack in Beuren.

be, isch nonz gsei. Allas hanne messa holla, traga, desch äbbes gsei, ohh.«

GETRAGENES

Eine ungefähre Idee von Elsas Tun, wie sie marschierte, lief, pilgerte, wie Elsa schleppte, trug, beladen und behangen war, vermitteln die nur dem Dialekt eigenen Beschreibungen: – »do«, »ded«, »dorom«, »da hanna«. Sie lassen ein lebendiges Bild entstehen, wie Elsas Leib von Dingen behangen war:

B.: »*Ond noch d'Elsa, oh d'Elsa, d'Elsa, oh d'Elsa, wa dia laffa messa hod, emmer wem ma se gsea hod, ...,dia isch emmer ganga belada, ond do Gabla, do Kettama ra, do a Dasch, do alte Tepf, ded a Bedflesch, ond so Schuah hodse a ghed, des isch en arma Deifl gsei, d' Elsa ganz gwieß wohr. (...)*

N.: »*Sägasa hod se na, zom Dengla dau, Schuah zom Macha ...*«

B.: »*... dorom ghed, ond da hanna a Dasch, Bettflesch ...*«

N.: »*... Schera zom Schleifa ond so halt. Äll so Botageng gmachad, fir d'Leita.*«

»*Was ist sie nicht immer marschiert und gelaufen*«, erinnert Frau R. mit einem Seufzer. »*Ich hab sie mal gefragt, was sie denn immer alles tun muss. Sie müsse beim Metzger schwarze Wurst holen, in die Apotheke dieses und jenes holen, zum Wanger Hausch, dann muss sie noch zum Schuhmacher. Sie muss immer ein Haufen Sachen zum Erledigen gehabt haben. Ich glaub nicht, dass sie das aufgeschrieben gehabt hatte. Sie hat ja jedem geholfen, wo sie hat können. Einkaufen für droben. Sie war ja anscheinend mehr in Mössingen und in Belsen, aber in Hechingen war sie auch sehr sehr oft. Der Schuhmacher in Belsen, von dem hat sie immer wieder erzählt: Do goht sia zom Schuamacher na, do han i friar scho emmer gholfa, da han i emmer wieder Schua gmacht, ond dr Schuamacher hot gsait, wenn i des gwisst het, dass i des so ka, dann han i gsait, wenn i des gwisst het, dass du mi so braucha kasch, dea Schuamacher, wenn'r des gwisst het. Das ist schon so ein bisschen eine Liebeserklärung gewesen. Sie sagte immer, wenn'r des gwisst het. Einmal hat sie erzählt, sie hätte einen halben Sack ›Grombira‹ und einen Fernseher mit hoch getragen. Also Elsa, des ka jetz it sei, han i gsait. Aber immer Rechen und Schaufeln und Sensen und Taschen gehabt. Da ist sie unendlich gelaufen und marschiert und marschiert und marschiert ...*«

Elsa trug alle nur erdenklichen Gebrauchsgegenstände von Beuren ins Tal und wieder hoch. Nach ihrem Gutdünken suchte sie die Handwerker aus, ließ reparieren und flicken, kaufte Neues ein und machte ver-

*Die alte Schlosserei und Fahrradwerkstatt von
Karl Schlegel in der Karrengasse in Mössingen. (1928)*

*Der neue Laden in der Falterstraße, der nun auch
Spielwaren und Nähmaschinen führte (1938).
Auf den Sohn Walter Schlegel wartete Elsa
insbesondere vor Weihnachten mit Puppen zum
Reparieren. Meist ging sie weiter zu dem
stattlichen Fachwerkhaus des Schuhmachers
Wilhelm Wagner (im Bild), der mit seinen
98 Jahren sein Handwerk noch ausführt.*

schiedene andere Besorgungen und lud sich alles wieder auf, um den beschwerlichen Rückweg nach Beuren hinauf, oft spät in der Nacht, anzutreten. Elsas Rhythmus, wie oft sie ging und was sie trug, hing nicht von der jeweiligen Witterung ab. Sie ging bei jedem Wetter. Vielmehr unterlagen ihre Botengänge und die Art und Vielfalt des Getragenen der Ordnung innerhalb des Jahresablaufs und den damit verbundenen Anforderungen und Tätigkeiten des ländlichen Beuren und seiner Umgebung. Die Landwirtschaft, das sommerliche und das winterliche Leben der Menschen um sie herum, dies waren die maßgebenden Orientierungspunkte für die Botengängerin Elsa. Im Winter ist sie selten gekommen. Höchstens mal im frühen Frühjahr, aber oben lag immer viel Schnee, außerdem gab es da auch nicht so viel zu tun, wie in der Zeit, wenn »gheubat« (Heu gemacht) wird, hatte Frau F. aus der Wagnerei erzählt.

Hauptsächlich war Elsa Botin für Gegenstände, die durch die jahreszeitlich unterschiedlichen Tätigkeiten nur an bestimmten Tagen gebraucht wurden. Viele unterschiedliche Handgriffe mussten getan werden, bis etwa Heu und Öhmd gemacht, oder die verschiedenen Getreide, wie Korn und Hafer geerntet werden konnten, bis die Kartoffelreihen gestupft, Unkraut gehackt, die Pflänzchen angehäufelt waren und schließlich die Knollen eingebracht werden konnten, damit die verschiedenen Birnen-, Apfel- und Kirschsorten in Kisten und Säcken, für Most und Schnaps zum Eigenverzehr oder zum Verkauf gerichtet waren und schließlich im Winter Holz im Wald geschlagen und gehackt war. Beinahe für jeden Handgriff wurden andere Werkzeuge gebraucht, für jede Ernte andere Behältnisse. Sie trug Rechen, Gabeln, Sensen, Schaufeln, Hacken, Teile von Holzwagen, Habergeschirr, Wagenräder, Äxte, Sägen, Sägbock, Beile, Hammer, Ketten, Körbe, Eimer. Und all diese Werkzeugbezeichnungen sind nur Sammelbegriffe für vielfältige Variationen, je nach ihrem besonderen Gebrauch. Gleichzeitig hatte Elsa im Rucksack oder an ihr festgebunden Gegenstände, die innerhalb des Hauses reparaturbedürftig wurden. Der Hausrat den Elsa zum Flicken brachte, erfreut sich einer bunten Vielfalt. Sie brachte zum Flaschner

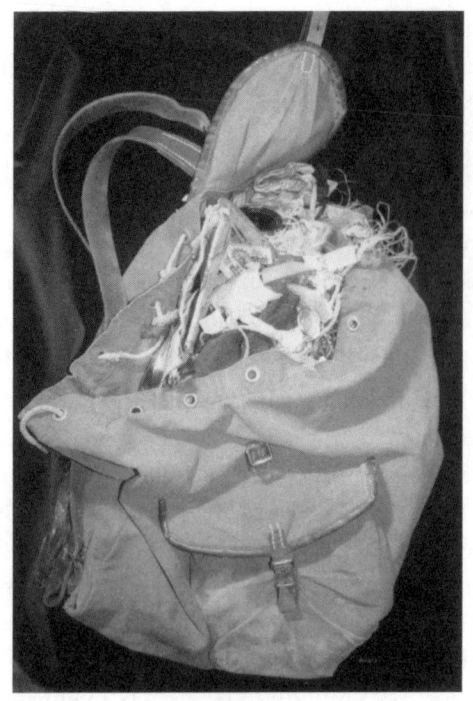

Elsas Rucksack

nach Mössingen Kessel, Töpfe, Pfannen, Geschirr, Ofenrohre, Bettflaschen, ließ Scheren und andere Werkzeuge schleifen, trug Fensterflügel, sogar einen Fernseher und manchesmal auch einen Stuhl hinauf, wie Frau R. belustigt erinnert: *»Sie fährt mit der Kleinbahn bis Stein, manchmal, dann läuft sie hoch durch den Wald. Da hat sie erzählt: Do lauf i allamol do naus bei dr Walkenmühle, gell, da wenk i em Ziegle, no hot des scho ghalta. Aber du, etz muaß i di was froga, do ben i nemlich mit a ma Stuahl, den han i au beim Repariera ghet, do henna beim Wanger, dann hann i wieder messe den Stuahl mit nuff nemma, dann han i jo den Stuahl ghet ond be it ens Abteil nei mit meim Stuahl, gell, be do vorhussa nagses-*

sa, do ben i uff meim oigane Stuahl gsessa, etz muss i di mol froga, muaß i do a Billett zahla, wenn i uff meim oigana Stuahl hock.«

Kleidungsstücke, meist Schuhe, brachte Elsa zu den verschiedensten Schustern, damit sie geflickt oder besohlt werden konnten. Anderes, wie Faden, Strümpfe, Strohhüte, Decken und Handschuhe, kaufte sie für die Beurener neu und ließ sich dafür meist einen Beleg geben. Manchesmal hat sie Lebensmittel besorgt. In der Metzgerei kaufte sie für andere und für ihr Kätzchen »Mulla« ein. Beim Apotheker in Hechingen war sie bekannt. Oder sie hat für Verwandte (ihre eigenen und die der Beurener) Ernteerträge, wie Obst oder Kartoffeln, verteilt. Da konnte sie einen halben Sack »Grombira« (Kartoffeln) schleppen, oder Kirschen und »Goißhiatla« (Birnensorte).

Die Gegenstände wurden von Elsa getragen von Ort zu Ort, von Zeit zu Zeit. Unterschiedliche Wege sind sie miteinander gegangen, unterschiedliche Zeiten haben sie miteinander verbracht. Vielleicht das selbe Ding mehrere Male in seinem und Elsas langem Gebrauchtwerden. Sie haben eine Dauer miteinander verbracht und Spuren aneinander hinterlassen. Elsa brauchte die Dinge, sie waren ihre Existenz und sie waren es, die ihrem Leben eine Kontinuität gaben. Wie Hannah Arendt es nennt »... die Weltdinge (haben) die Aufgabe, menschliches Leben zu stabilisieren ...«[65] Und die Dinge brauchten Elsa, denn wer sonst hätte sie zum Reparieren gebracht und ihnen ihren Wert zurückgegeben.

AUFGELESENES

»Aufgelesenes«, mit dieser Überschrift möchte ich Elsas Tun wiederum in den Sinnzusammenhang von »Zeichen geben« und »Zeichen lesen können« bringen. Denn auch Dinge werden, wie eingangs angedeutet, als eine andere Art des Lesens verstanden.[66] *»Über die Dingexplikation soll ein Gespür für die ›Lesbarkeit der Welt‹ entwickelt werden.«*[67] Elsa liest auf, be-greift und ordnet die Dinge, die Zeichen ihrer Kommunikation sind.

Dinge sind ein Oberbegriff, der die »gemachten« Sachen und das »naturgegebene« Vorfindbare bündelt,[68] oder wie Hannah Arendt es nennt, *»die ihr Dasein den Menschen verdanken«* und *»die aus sich selbst sind, was sie sind«*.[69] Neben den »gemachten« Sachen, die die Botin Elsa im Auftrag trug, hat sie Dinge auf ihren vielen Wegen und Botengängen aufgelesen. Allerdings würde ich den größten Teil der aufgelesenen Sachen weder als »gemacht«, im Sinne der Dinge, für die Elsa Botin war, noch als »naturgegeben«, sondern als warenhaft, bezeichnen.

Trotz ihrer gewichtigen Bürde fand Elsa Zeit, die unterschiedlichsten Dinge, die auf ihren Wegen lagen, in den Rucksack zu stopfen und mit nach Beuren zu nehmen. Dort seien in der Küche und im Wohnzimmer sortierte Stapel von verschiedenen Dingen gelegen. Den größten Teil aber lagerte sie auf ihrem Speicher. Nach welchen Gesichtspunkten sie bei der Auswahl vorging, kann ich nicht sagen. Ob sie die Dinge nach Brauchbarkeit sortierte oder einfach ihrer eigenen Ordnung nachging, die solch nahe liegenden ökonomischen Einteilungen hinter sich lassen, das kann wohl nicht entschieden werden.

Nachdem Elsa ins Altenheim gebracht wurde, hätten sie von ihrer Bühne (Speicher) acht Wagen voll gesammelten »Kruscht« wegfahren müssen. Alles habe sie aufgehoben, wusste die Beurenerin B.: *»Dia hod mendeschdens hondrd Zigarettaschechtla ghed em Haus den, leere, ibraal zemegleasa, ond Beiga so kleine Schdaga, so, so, so (sie zeigte die verschiedenen Längen). So isch se gsei, se hod nix nausgheid. Dia hod au iberall äll Dreck, äh all Babeirla zemmagleasa. Se hot jo en dr Stuba ond iberall, en Haufa, Schocha, Babeir ond Helzr ond älla Deifl hotse zemmagleäsa. Zigarettaschechtla ond Babeirla ond Lombazuig hondse jo gfonda.«* Elsa selbst würde auf die Frage, warum sie diese Dinge aufgelesen hat, nicht antworten; entweder weil dies für sie zu selbstverständlich ist oder weil sie es nicht beantworten will.

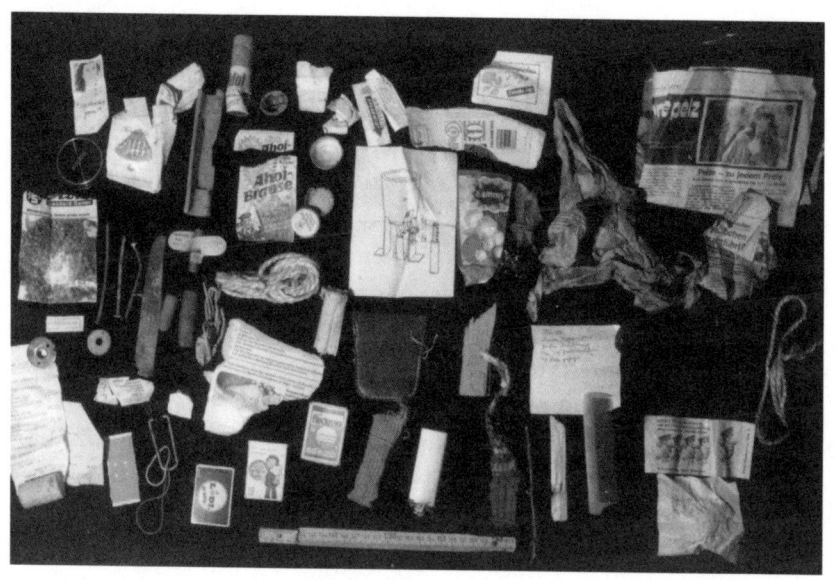

Vom Wegesrand in Elsas Rucksack

Vergleichen ließe sich Elsas »Alles Aufheben« teilweise mit Marie Frech[70], der »eigensinnigen« Pietistin aus Fellbach. Als ich in Marie Frechs Haus war, da lag in ihrer »Kammer« auch viel »Kruscht«: stapelweise Zeitungen, Tüten, Geschenkpapiere, Kartons, Kunststofftragetaschen ect. und auch einiges, dessen Sinn ich mir nicht erklären konnte, wie Orangennetze. Maries Dinge stellen aber nur eine Seite des »Aufhebens« dar, nämlich nichts wegwerfen, von dem, was man schon hat. Nicht die andere Seite des »Aufhebens«, dessen, was andere weggeworfen haben, den Abfall der Straße. Die Ursächlichkeit von Maries »so sein, wie sie war« wird auf ihren pietistischen Glauben zurückgeführt. Dagegen lässt sich Elsas »Tun und Sein« auf keine eindeutige Erklärungsgrundlage stellen. Jedoch ist notwendig gewordene Sparsamkeit in Notzeiten für die fünfzehn Jahre ältere Marie, wie für Elsa, bestimmt vergleichbar einprägsam geblieben und hat ihren Umgang mit Sachen auf ähnliche Weise mitbestimmt.

Eine weitere Verbindung, die vielleicht auf familiäre Eigenheiten hinweist, knüpft Josefine, Elsas Schwester, die ebenfalls alles aufgehoben hatte, was in ihrem eingeschränkten Raum, dem Altenheimzimmer angefallen war: »*Es sei ›scho emmer a weng a komisch ›Gschmäckle‹ in ihrem Zimmer gewesen, von dem man nicht wusste, woher es kam*«, erzählte die Altenheimleiterin. Als Josefine gestorben war, öffnete man ihren Schrank und da war im Kleiderfach ein kompakter Block von Dingen, die sie schichtweise gestapelt aufgehoben hatte: gebrauchte Zellulosebinden und Taschentücher, Käsepapiere, Papierfetzen und alle Arten anderer Papiere, Deckel von Marmeladegläsern, Gummis, Haare, Fingernägel, Haarnadeln.

Überall auf ihren Wegen hatte Elsa das, was für Andere verbraucht, unwürdig und wertlos geworden war, aufgelesen und in ihrem Rucksack nach Beuren getragen. An Elsas Speicher hätte man ablesen können, was zu welcher Zeit und in welcher Menge in diesem, durch Elsas Begehen eingegrenzten Raum, als unwürdig empfunden wurde. Durch Elsa erhalten wir ein genaues Maß für den Raum, die Zeit und das Volumen dessen, was heute als Abfall bezeichnet wird.[71] Sie gibt das Ausmaß des Weggeworfenen an: der Raum ist eingegrenzt in »so weit sie ihre Füße tragen konnten«, die Zeit ist »ihr Leben«, das Volumen des Abfalles ist mit »kniehoch eines Mannes« oder mit »acht Wagen voll« auf ihrem Speicher angegeben. Auf Elsas Speicher hätte eine Archäologie des Abfalls betrieben werden können; ebenso, sogar in erweiterter Weise, anhand von Josefines Block im Kleiderfach, denn sie ergänzte den Ding-Abfall durch dasjenige, was vom Körper abfällt: Haare und Fingernägel. Abfall, als Ablagerung eines Lebens, ist sehr konkret vorstellbar an Josefines Block im Kleiderfach, denn er zeigt, ähnlich einem Gesteinsblock, Schichtungen, an denen Zeitabstände, Vergangenheits-Formen erkannt werden können. Zeitlichkeit kann gesehen werden an der Wandlung und Ablagerung der verbrauchten Dinge. Der Abfall gibt

SPURENSUCHE

Auskunft über eine Person. Einmal durch das, was vom Körper ab-fällt[72], zum anderen vermittelt durch die Dinge, die ge-hand-habt wurden. Der Abfall hängt nicht nur mit bestimmten Personen zusammen, sondern auch mit bestimmten Orten.

Dinge können am falschen und am richtigen Ort liegen.[73] Elsa ist bedacht auf die Ordnung der Dinge. Dort, auf ihren Wegen, liegen Dinge, die nicht da hingehören. Sie weiß, was sich gehört und was nicht. Die richtigen Dinge am richtigen Ort zu wissen, bedeutet eine Wertschätzung beiderlei Bereiche, denn Elsa fühlt sich sowohl verantwortlich für ihre Wege, ihr Gebiet, als auch den Abfall. Sie fühlt sich verantwortlich für sich selbst, aber auch für anderes und andere. Dadurch, dass sie einen Ort von den falschen Dingen befreit und diese an einen »richtigen Ort« bringt, an dem die Dinge wieder brauchbar werden können, wertet sie beides auf. Sie gibt den Dingen eine Bestimmung. An der Ordnung der äußeren Dinge hängt ihre innere und umgekehrt.[74]

ELSAS LETZTER RUCKSACK

Alles, was heute noch besteht und besehen werden kann von dem Sammelsurium, den Sachen, die Elsa ein Leben lang auf ihren Wegen aufgelesen hat und von denen in Gesprächen und Berichten so oft die Rede ist, steckt in einem Rucksack.

Alles andere, die »acht Wägen voll« auf ihrem Speicher, wurde – ohne ihr Wissen – weggeworfen und verbrannt. Nur was sich in der Vordertasche (ca. 25 x 20 cm) des alten abgeschabten Rucksackes befand, den sie ein Lebtag auf dem Rücken schleppte, nur das wurde übersehen und später in den Rucksack selbst befördert. Nur das kann noch bezeugen.[75]

Beim Öffnen des »letzten« Rucksackes von Elsa kam mir zunächst ein unübersichtliches Durcheinander entgegen. Zuerst sah ich nichts Genaues, da die Hauptmasse des Inhalts Knäuel von Stofffetzen unterschiedlichster Größe und Farbe sowie Papiertaschentücher, Stofftaschentücher und andere zerknüllte Papiere waren. Erst das Sortieren und Ordnen ließ einzelne Gegenstände und Zusammenhänge erkennen. Ich habe eine sorgfältige Bestandsliste von Elsas Dingen im Rucksack angefertigt, so, als ob es das Vermächtnis einer wichtigen Persönlichkeit wäre. Es ist ein Vermächtnis am Ende des 20. Jahrhunderts.

In den Gesprächen wurden öfters Bezeichnungen und Überbegriffe genannt für das, was Elsa aufgelesen hat. Die Sammelbegriffe »Lombazuig«, »Dreck« und »äll Deifl« haben keinen genau zu bestimmenden Bedeutungsradius. Sie sind im Beurener Sprachgebrauch aber enorm abfällige Bezeichnungen für etwas, was man nicht genau benennen kann und will. Vielleicht bezeichnen sie das Chaos schlechthin. »Äll Deifl« ist verbunden mit »zum Teufel gehen«, weit weg aus unserem Gesichtskreis. Wahrscheinlich eine zutreffende Bezeichnung, die unser Verhältnis und unsere Wünsche im Umgang mit Abfall umreißt. Die Bezeichnungen stammen jedenfalls aus Elsas Umgebung, dem Dialekt und dem Gefühl der Menschen, mit denen sie zu tun hatte. Aus diesem Grund möchte ich die folgende Ordnung des Aufgelesenen auch unter deren Obhut stellen. Hier also zunächst die Liste des Rucksack-Inhalts:

»Lombazuig, Babeirla, Dreck, Helzer ond äll Deifl«
– ein Feuerwerkskörper: »Nachtfalter, klein, W 530« steht auf der linken Seite, der flügelförmig gestalteten Pappe; auf der rechten Seite steht Kleingedrucktes, wahrscheinlich die Gebrauchsanweisung. Der Feuerwerks-Körper ist abgefeuert. (ca. 4cm x 4cm)
– eine Mundspraydose: Aufschrift: »Odol kräuterfrisch«, zylindrische Form, mit Verschlusskappe, zerbeult und im unteren Teil ein Loch ins Metall gerissen. (ca. 6cm x 1,5cm)
– ein Schlüsselmäppchen: Kunstleder, dunkelgrün, zwei konisch zulaufende Lederstücke aufeinander genäht, untere Ecken abgerundet, oben offen mit Metallring an der Innenseite befestigt, auf beiden Seiten Naht aufgerissen.
– ein Fotokameraverschluss: Aufschrift: »Konica«, schwarzes Hart-

SPURENSUCHE

plastik mit einem im äußeren Drittel metallisch glänzenden Ring als Verzierung.
- ein Kunststoffteil: Gebrauch nicht mehr ersichtlich, runde Hohlform, vermutlich ehemals geschlossen, jetzt zu einem Drittel aufgebrochen, rechte Kante schartig, linke glatt, oben und unten zwei sich entsprechende minimal hervorstehende Absätze, drei Noppen werden von ihnen eingeschlossen (ca. 10 cm x 2 cm).
- ein Feuerzeug: weißer Kunststoff, nicht mehr funktionstüchtig.
- ein Meterstab: Holz, dunkelgelb mit schwarzen Zahlen, abgebrochen kurz vor der Zahl 139.
- mehrere Bierverschlüsse »Kronkorken«: Aufschrift: »Zwiefalter Klosterbräu Zwiefalten«, in kleiner werdender Schriftgröße, darüber Emblem der Brauerei, mit stilisierter Darstellung der Klosterkirche und ihrer zwei Türme. Auf der Innenseite zum Teil fleckig.
- Deckel einer Mineralwasserflasche: außen silbrig glänzend, innen mit weißem Kunststoff bezogen, zerbeult.
- zwei Kunststoffhüllen für Papiertaschentücher: Aufschriften: »Sammy« und »Tempo«. Um die durchsichtige Tempohülle ist ein Gummiring zweimal in der Mitte herumgeschlungen.
- Verpackung eines Erfrischungstuches: Aufschrift in fremdländischer Sprache, quer rechts unten steht »fresh-up«, aufgerissen.
- ein Bonbonpapier mit stilisierter Erdbeere, Kunststoff.
- drei Zündholzschachteln:

Erste Schachtel: Werbung für eine Lebensmittelkette mit Emblem »Lidl ist billig« in weißem Kreis.

Zweite Schachtel: Werbung für eine Lebensmittelkette mit dem Emblem »E«, gelbes »E« auf rechteckigem blauen Grund, darunter steht »Edeka«. Rechts davon stilisierte Figur mit übergroßem Weinglas in der rechten Hand, im Hintergrund ein stilisiertes Weinsiegel. Darüber steht: »Gutes von Edeka ...«.

Dritte Schachtel: Werbung für ein Waschmittel mit dem Namen »fleckrein«. Die Zündholzschachtel ist wie ein Waschmittelpaket

gestaltet. Der Schriftzug »fleckrein« steht im oberen Drittel, darunter etwas nach rechts versetzt ein stilisiertes Vergrößerungsglas in dem steht »Lupenreine Sauberkeit«, im linken unteren Eck ist »60° C« zu lesen.
- ein feinzähniger Kamm: Kunststoff, Stiel abgebrochen.
- bunte Gummis verschiedener Größen.
- ein Stück maschinell gestrickter Stoff: zusammengerollt und mit Gummiring befestigt.
- ein Stück maschinell gestrickter Stoff: buntes Muster erkennbar, mit Bündchen.
- ein Halstuch: Baumwolle, rot mit aufgedrucktem Muster, zerknüllt, aber nicht zerrissen.
- Taschentuch: Baumwolle, groß, hellblau-braun.
- andere undefinierbare Stoffteile, z. T. sehr verschmutzt.
- ungefähr zwei Dutzend verschiedene Schnurstücke: kurze Stücke Kunststofffasern, gezwirnte Naturgarne verschiedener Dicken und Längen, ein Schnürsenkel. Schnurstücke zum Teil geknäuelt, zum Teil als Schlaufe zusammengeknotet, alle ähnlicher Länge.
- zwei Kerzenstummel.
- zwei Weinflaschenkorken.
- eine halbe Walnussschale.
- ein gepresster Korkring (Dichtung o. Ä.).
- ein ungleichmäßig geschnittenes Stück Pflaster.
- Holzstücke: sehr dünne gerade Zweigstücke und Holzspäne (zwischen 10 und 15 cm lang).
- etwa ein Dutzend Nägel: zum Teil sehr krumm (5–8 cm groß).
- eine Messerklinge: Speisebesteck mit Rostflecken.
- ein Metallring, geöffnet.
- eine Metallklammer.
- eine Nähmaschinenspule aus Metall.
- ein Zeitungsausschnitt vom Freitag, den 16. Oktober 1981, mit ei-

SPURENSUCHE

nem Bericht »Pelze – zu jedem Preis«, darüber ein Schwarzweiß-Foto mit lachender Frau im Pelzmantel, die die Betrachtenden direkt anschaut, links hinter ihr stehend, ein ebenfalls lachender Mann, der die Frau anschaut. Beide nur zur Hälfte abgebildet (gefaltet in der Größe ca. 15 cm x 12 cm).
– ein Zeitungsfetzen: »Pressestimmen, Stuttgarter Nachrichten« (ca. 5 cm x 5 cm).
– ein Zeitungsfetzen: mit den lesbaren Worten »ausgebrochen«... »entführt?« (ca. 10 cm x 8 cm).
– ein Zeitungsfetzen: mit zwei kleinen Berichten über Tübingen. (ca. 10 cm x 8 cm).
– mehrere andere zerknüllte und verschmutzte Papiere, auch Papiertaschentücher.
– ein Päckchen Brause: Aufschrift: »Ahoj-Brause«, hinter der ein gelb-orangener Stern mit Aufschrift »Frigeo« in das A der Schrift eingreift. Ein lachender Matrose ist zur Hälfte in der linken unteren Ecke abgebildet. Ein großes Glas blubbernder Brause, auf dem »Prickelspaß« steht, füllt den restlichen Bildraum. Es ist oben aufgerissen.
– ein Samenpäckchen: Aufschrift: oberer Teil nicht mehr lesbar, »Standard-Samen«, darunter, »Winter-Endivie, Grüne große krause«, abgebildeter Endivie, Preisaufdruck: »–,59«, aufgerissen.
– abgerissenes Pappstück: mit Olympia-Emblem: von rechts nach links laufende Spirale darin eine Reihe mit drei Ringen an der eine Reihe mit zwei Ringen hängt. Rechts daneben ein »Langnese« (Eiscreme-Marke) Emblem: weiß rote Streifen, davor ein Oval mit Aufschrift »Langnese«. Rechts daneben Strichcode.
– abgerissenes Pappstück: zum Teil noch lesbare Anleitung, wie man Fertigsemmelknödel kocht, mit Bild der Semmelknödel.
– eine »HB«-Zigarettenschachtel, aufgerissen, leer.
– ein Papier: Aufschrift »Ich rauche gern«, darüber Frauenkopf mit wehendem Haar.

- eine Installationszeichnung eines Trichters mit Leitungen, dreidimensional.
- eine Gebrauchsanweisung auf Japanisch.
- ein zerknülltes Wochenkalenderblatt.
- zwei Kaugummipapiere: Aufschrift »Wrigley's Spearmint Chewing Gum«.
- ein Papier mit der Aufschrift »Mineralwasser«, das normalerweise am Flaschenhals angebracht ist.
- ein Kassenzettel: rechte Ecke umgeknickt, Aufschrift: »SUPER-NANZ«, darunter die Ortsbezeichnung »HECHINGEN« in der ein Riss in der Länge einer Tackerklammer ist, ein Stück weiter unten folgt eine Nummer, das Datum »07. ... 87« und die Uhrzeit »14.14«, eine Zeile weiter, »ABT. 2« daneben »WAAGE 01«, darunter steht die Kilogrammanzahl und der Preis pro Kilogramm, weiter unten die »SUMME 4,37«, am unteren Rand steht: »VIELEN DANK FÜR IHREN EINKAUF«.
- ein Kassenzettel: Aufschrift: »AWG MODE«, darunter die Ortsbezeichnung »MÖSSINGEN«, eine Zeile weiter eine achtstellige Nummer und das Datum »17. 4. 84«, ein Stück unterhalb eine vielstellige Kunden-Nummer, dann folgen Verkaufsnummern mit den jeweiligen Artikeln und Preisen, »DAMENKLEID 49.90«, »DAMEN-HOSE 49.90«, »DAMEN-STRICK 69.90«, »DAMEN-HOSE 59.90«, »GESAMTSUMME 229.60«, »GEG. SCHECK 230.00«, »RÜCKGELD 0.40«, darunter ist die Uhrzeit »11:26« gedruckt, abschließend : »AWG-MODE WARUM SOLLTEN SIE MEHR BEZAHLEN«.
- eine Eintrittskarte: Aufschrift, gestaffelt untereinander: »Schloss Lichtenstein, EINTRITTSKARTE, Schlosshof, Erwachsene«, in größerer Schrift »DM 1«, klein gedruckt darunter, »Aufbewahren und auf Verlangen vorzeigen«. Am rechten Rand steht die Nummer »22476«, am linken »2476«. Die Perforation für den Abriss ist halb eingerissen.

– eine Eintrittskarte: Aufschrift untereinander: »SPIELZEUGMUSEUM, IM ALTEN RATHAUSTURM, Marienplatz, MÜNCHEN«. Vier kleine Bären und ein großer, rechts davon, tanzen mit erhobenem Fuß und Arm nach links, darunter steht: »Sammlung Ivan Steiger«. Am rechten Rand: »Eintrittskarte DM 3«.
– ein Stück Papier mit Klebestreifen am oberen Rand (1,5 cm x 1,5 cm) Handschriftlich mit Bleistift: »30 Pf«.
– Zettel eines quadratischen Abreißblockes (9 cm x 9 cm) Handschriftlich mit blauem Kugelschreiber :
3 Underberg
1 x H.B
– gleicher Zettel des quadratischen Blockes: Elsas Schrift ist zu erkennen:
»Mutti
Deine Schwester
hatte Telefoniert
um 1 1/4 Zwölfuhr,
ich habe gesagt

DIE BETRACHTUNG DER DINGE

Wie bei der Sichtung der Liste über den Inhalt von Elsas letztem Rucksack kaum zu übersehen ist, verändern sich die Dinge, wenn sie in schriftlicher Form auf Papier gebracht werden. Jeder noch so kleine und vormals unbeachtete Gegenstand gewinnt durch das Auflisten und Aufzählen an Bedeutung. Das, was eben noch Abfall war, achtlos weggeworfen wurde, verachtet und wertlos geworden war, rückt durch das Verschriften auf die Ebene der Beschreibung von archäologischen Fundstücken oder Kunstgegenständen, als ob es ähnlich wichtig wäre, späteren Generationen eine Vorstellung davon zu vermitteln, was in unserer Gesellschaft als Abfall galt, wie etwa ein »Odol Mundspray« oder eine Packung »Fertigsemmelknödel« ausgesehen haben mögen. Das Verachtete rückt ins Blickfeld, ihm wird Aufmerksamkeit zuteil und somit erhält es wieder eine neue Daseinsberechtigung. Indem ich die Dinge benenne, bekommen sie einen neuen Raum und verwandeln sich. Der Rucksack wird noch einmal ein anderer.

»Lombazuig, Babeirla« (Lumpen-Zeug, Papiere), worin auch die Dinge aus Pappe eingeschlossen sind, ergeben in unterschiedlichster Ausprägung den Hauptanteil des Rucksackinhaltes. Gleich darauf folgen die Dinge, die aus allen Arten von Kunststoffen bestehen, und solche, die mit Kunststoffen verbunden sind. Eine kleinere Gruppe besteht aus Metall und den kleinsten Anteil nehmen jene ein, die zu der Gruppe der »Helzer« (Hölzer) gezählt werden könnten, d. h. die aus natürlichen Stoffen bestehen, wie Holz, Kork, Wachs und Naturgarn.

In Elsas Abfallsammlung gibt es verschiedene Arten von Wertlos-geworden-Sein:

– Das, was angefüllt war, ist leer, ob es sich nun um Gasförmiges, Flüssiges oder Festes gehandelt hatte: Mundspray und Feuerzeug, Knödel und Brause, Endiviensamen und Zigarettenschachtel. Als Verpackung waren diese Dinge von Anfang an als Abfall bestimmt. Fehlt die Sache, sind sie nur noch Hülle, Sinn-entleertes Überbleibsel.

– Das, was ein Ganzes war, ist nun halb: das Messer ohne Griff, der Kamm ohne Stiel.

– Papierenes zeugt von der Abwesenheit der Dinge: eine Bedienungsanleitung ohne das, *was* zu bedienen ist, eine Montagezeichnung ohne das, *was* zu montieren ist.

– Anderes ist zwar gezeichnet von Spuren der Handhabung, ist dadurch aber wertlos geworden: die Eintrittskarten sind eingerissen und dadurch entwertet, die Nägel sind gebraucht und dabei krumm geworden.

Erst durch die genaue Bestandsliste wurde mir die Fülle der Dinge klar. Gleichzeitig wurde aber auch die Einheitlichkeit ihrer Herkunft

*Bestimmt hatte Elsa im Kolonialwarenladen von Katharine Dieth
außer den vielen anderen Dingen
auch ihre geliebte Maggibuchstabensuppe eingekauft.*

sichtbar. Diese Dinge sind weder an bestimmte Personen gebunden noch an das Gebiet, das Elsa beschritten hat. Die Kaugummipapiere mit der Aufschrift »Wrigley's Spearmint Chewing Gum« sehen hier wie dort oder auf anderen Kontinenten gleich aus. Ihre Herkunft und ihr Ziel sind nicht mehr mit bestimmten Orten verbunden. Sie sagen nichts mehr über eine zeitlich und räumlich zuordenbare Geschichtlichkeit aus. Ihre Herstellung zeugt weder von einer bekannten Hand noch von einer Hand überhaupt, sondern von einem computergesteuerten Prozess. Heute gilt dies sowohl für unsere Dingwelt als auch für unsere Nahrung (Fertigsemmelknödel).[76] Aufgrund dessen sagen diese Dinge nichts mehr über eine Person aus, weil sie bei ihrer Entstehung nicht mehr von einer Hand berührt wurden. Sie sind, so könnte man sagen, entmenschlicht, denn sie sind losgelöst von einer individuellen menschlichen Prägung. Die Bezeichnung für diese Art von Dinge ist Ware.[77]

Das Beschreiben der Dinge hatte zur Voraussetzung, dass ich mir die Dinge immer wieder genau betrachten musste. Dabei ist mir einiges über mein eigenes Wahrnehmen klar geworden, vielleicht auch über das von Elsa. Es ist mir aufgefallen, wie viele Embleme es gibt und dass ich die meisten entschlüsseln kann, d. h. es ist mir klar geworden, wie viel ich unbewusst aufgenommen habe. Der Zusammenhang von »Waren-Abfall«, der gleichzeitig einen »Abfall im Kopf« produziert, wurde mir noch einmal deutlich. Befremdlich empfand ich z. B., dass auf den Streichholzschachteln in Elsas Rucksack nicht mehr »Streichhölzer« stand. Was haben Streichhölzer mit Wein, Waschmittel und einer Warenkette zu tun? Die Dinge und ihre Bezeichnung stehen nicht mehr in einem direkten Zusammenhang zueinander. Auch daran haben Waren uns gewöhnt. Darauf weist Theodor M. Bardmann hin: »*Mit Abfall sind aus soziologischer Sicht nicht nur materiell-physikalische Stoffe gemeint, wie etwa der Müll, der uns in der industriellen Überfluss- und Konsumgesellschaft über die Köpfe zu wachsen droht, sondern auch und gerade der geistig-ideelle Abfall, das ideologische Gerümpel, der Sinn- und Symbolschrott. Der anschauliche, sinnlich wahrnehmbare Müll ist nur der*

SPURENSUCHE

›Stoff‹, an dem sich die Sensibilität für die allgemeinere und grundsätzlichere Abfallproblematik schärfen kann. Der Müll ist mithin nur die Materialisierung menschlicher Sinnproduktion und sozialer Kommunikation.«[78]

Erstaunlich empfand ich es ebenso, wie weit die computergesteuerte Erfassung von Zeit, Raum, Ware und KäuferInnen geht. Jeder Einkauf wird registriert. Jeder gewöhnliche Kassenzettel bringt Minute, Tag, Jahr, Ware, Ort und KäuferInnen zusammen. Über einen gewöhnlichen Kassenzettel aus Elsas Rucksack kann ich 14 Jahre später ersehen, dass Elsa oder sonst eine Person am 17. April, um 11 Uhr 26, in einem bestimmten Warenhaus in Mössingen an der Kasse stand und vier Kleidungsstücke eingekauft hat und wie viel sie damals kosteten. Trotzdem bleibt, durch die Nummerierung von Ware und Person, die Handlung unpersönlich. Denn auch hier zeigt es sich, dass vieles präziser funktioniert, dadurch aber gleichzeitig unpersönlich wird. Im Gegensatz hierzu, die alte Form der Auszeichnung: das Zettelchen mit Klebestreifen am oberen Rand, auf dem handschriftlich mit Bleistift »30 Pf.« steht.

Die von Elsa aufgelesenen Dinge stehen in krassem Gegensatz zu den Dingen, für die Elsa Botengängerin war. Die Gebrauchsgegenstände, Werkzeuge, das was eigentlich nie nutz- und wertlos werden konnte[79], stehen dem gegenüber, was von Anfang an bereits mit der Implikation des Abfallwerdens produziert wurde. Gegenstände, von denen man genau wusste, von wem sie gemacht wurden, (z. B. vom Rechenmacher Wagner aus Mössingen) und zu wem sie von Elsa getragen wurden, stehen den zeit-raum-personenlosen Dingen gegenüber. Zwei vollkommen unterschiedliche Denkweisen stehen sich, gegenständlich geworden durch zwei vollkommen andere Realienwelten, gegenüber. Die Gegenstände, die Elsa im Auftrag trug, umschließen das Gebiet, das die traditionelle Volkskunde seit jeher mit ihrer Sachforschung behandelt hat.[80] Das von ihr Aufgelesene, der Abfall, rückte dagegen erst seit einem Jahrzehnt ins Blickfeld der Volkskunde. Durch Elsa berühren sich die beiden

Realienwelten. Auch hier ist sie Grenzgängerin einer Welt, in der »etwas nicht wertlos werden konnte«, und einer, in der »etwas von Anfang an wertlos ist.«

Die Beschriftung der Dinge

Elsa las nicht nur die Dinge auf, die sie auf ihren Wegen fand, sie gebrauchte sie auch als Zettel und beschrieb sie. Von diesen von Elsa beschriebenen Zetteln seien ganze Schubladen voll gewesen, auch auf der Bühne hätten sie gelegen, unter dem kniehohen anderen Zeug. Er habe nur eine Hand voll aus einer Schublade mitgenommen.[81] Acht zufällig erhalten gebliebene kleine Zettel sind nicht viel, um gesicherte Aussagen über Regelmäßigkeiten machen zu können. In vielerlei Hinsicht sind sie dennoch viel Wert. Sie sind die einzigen schriftlichen Zeugnisse von Elsa. Sie bestätigen oder widerlegen Aussagen, die in den Gesprächen oder Interviews über sie gemacht wurden. Hier die genaue Wiedergabe desjenigen, was Elsa auf die fünf Kaugummipapiere, das Maggibuchstabensuppenpapier und die zwei Zeitungsfetzen geschrieben hat.[82]

Vorderseiten

> Am 11 Juni 1980
> 2 Uhr hat mich die
> Küfers Emma in ihrem
> Hof dinnen umgesthbrummen
> und auf den Boden gew-
> orfen, auf den Rücken
> Auf beiden Seiten heftige
> Merzen,, Kopfweh, Fieber dabei,
> ———
> Eine Bahnschaufel
> der Still lag 1 Mark 35

SPURENSUCHE

die Bahnschaufel 50 Zeiten
hoch ist sie breit.
32
Von einem Mann aus Sickingen
am 25.2.1984.
habe ich sie bekommen

Die Fürsorgeschwester
ist gestern da gewesen
Donnerstag
am 28. August 1986.
um 2 Uhr Mittag.
andre Schwester ist den Tag vor
her da gewesen mitt Lindwirt
Auto Nr. 20509/2039 Tübingen

Ein Eichen=Kreuz
am Wege steht
von wielen Händen
es gepflegt.
Es stet für alle
groß und klein
am Wege zum
Dreifürstenstein.

Den 15 August 2 liter Milch
Den 17 August 2 liter Milch
geholt
Den 18 August 2 liter Milch
Den 20 August 2 liter Milch
geholt,
Den 22 August Milch bezahlt,
Den 24 August Milch geholt,

SPURENSUCHE

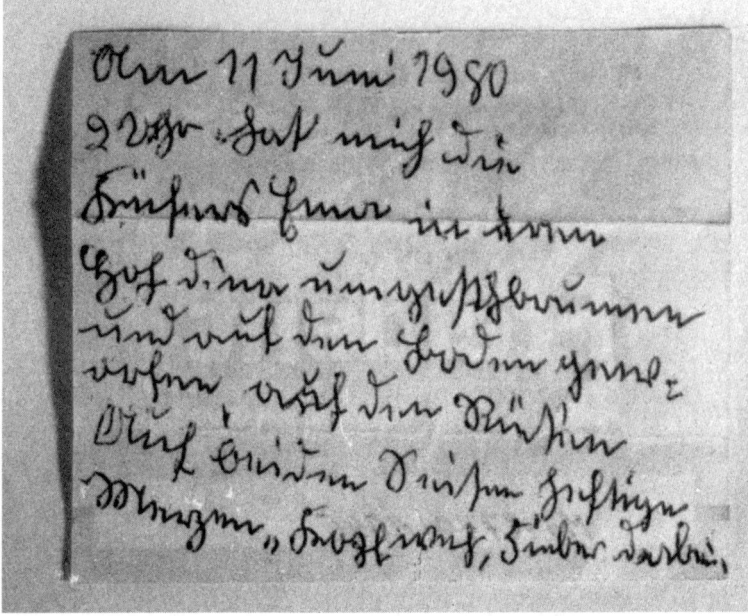

Besondere Begebenheiten notierte Elsa auf Zetteln.

SPURENSUCHE

Den 25 August Milch geholt,

Blasiussegen
Bischof Märterer
Blasius.
Beware dich vor
allem Halsleiden
und vor allem anderen
Übel. Im Namen des
Vaters und des Sohnes
und des hl. Geistes.
Amen.

An die Landesanstalt
in Stuttgart
Wegen meiner Rente,

Einen Kasten
Bier 17. 90
16 90
33, 10
50-
-

Diese acht kleinen Zettel, zufällige Überbleibsel, willkürlich mit der Hand aus einer Schublade gegriffen, sind die einzigen schriftlichen Zeugnisse von Elsa. Deshalb erscheint mir eine genauere Betrachtung wichtig. Ich habe sie nach Datum und formaler Zusammengehörigkeit geordnet. Zuerst möchte ich auf ihren Inhalt eingehen, dann auf ihre Form.

Der erste Zettel zeugt von einem gewaltsamen Angriff auf Elsa. Sie wurde von einer Frau umgestoßen und auf den Boden geworfen, auf den Rücken. Auf beiden Seiten, so schreibt Elsa auf dem Zettel, hatte sie heftige Schmerzen; außerdem Kopfweh und Fieber. Die brutale Handlung hat sich tief in Elsas Gedächtnis gegraben. Immer wieder erzählte sie mir in Gesprächen davon und wiederholte, dass sie das nie, nie vergessen werde: »*Ahh. Do wär i scho lang gschdorba. Dia hod mi ghaua. Dia hod a Deng ghed, dia hod a Beil ghed, oh moi, dr ganze Flecka* (Dorf) *isch komma, weaga mir, oh moi, dia firch i heit no, firch e heit no, noch isch no schlemmer, oh jeh* (wenig später kommt Elsa noch einmal darauf zurück) ... *wennse ez kommt, no hauene halt nix me, so* (sie hebt die Arme und macht die Bewegung des Ausholens und Schlagens) *ha moisch, desch äbbes gsei, des vegiss i ida, ohhjee, des vrgiss i nia, nia.*« Sie hat präzise den Tag, Monat, Jahr und Uhrzeit des Geschehens auf dem Kaugummipapier festgehalten. Sind die anderen Zettel mit Bleistift geschrieben und deshalb manchmal verwischt, ist bei diesem die Schrift gestochen scharf, da Elsa einen Kugelschreiber verwandte. Die Zeilen hören mit einem Komma auf. Es bleibt also offen, ob Elsa auf einem anderen Zettel weitergeschrieben hat. Elsa war zum Zeitpunkt der Niederschrift 70 Jahre alt.

In Gesprächen und Interviews wird erwähnt, dass Elsa auch regelmäßig nach Sickingen gegangen ist. Auf diesem Kaugummipapier hat sie ihre Verbindung selbst bestätigt, auch, dass sie Dinge geschenkt bekommen hat, in diesem Fall eine Schneeschippe. Zuerst beschreibt sie die Bahnschaufel (Schneeschippe) mit Maßeinheiten, die ich nicht genau verstehe: Wie viel der Stiel gekostet hat und wie hoch und breit sie ist, dann, dass sie sie von einem Mann aus Sickingen geschenkt bekommen hat. Wiederum gibt sie genau Ort, Tag, Monat und Jahr an. Die Bahnschaufel selbst war ihr wohl wichtiger als die Person, von der sie stammt, denn sie wird an erster Stelle und ausführlich von Elsa beschrieben. Wahrscheinlich war sie nicht selbst in Sickingen, da Elsa immerhin schon 74 Jahre alt war und im Februar in Beuren bestimmt noch viel Schnee lag.

Ein weiterer wichtiger Zettel zeugt vom Kommen und Gehen der Fürsorgeschwestern. Elsa hat die Vorgänge genauestens aufgeschrieben.

SPURENSUCHE

Auf dem Kaugummipapier steht, wann sie sich die Notiz gemacht hat. Dann an welchem Wochentag, Kalendertag, Monat, Jahr und zu welcher Uhrzeit die eine Fürsorgeschwester kam, sowie, dass am Tag zuvor eine andere Schwester bei ihr war. Zudem notiert sie, dass ihr Vormund, der Wirt »Zur Linde«, dabei war. Jene Besuche scheinen Elsa befremdet zu haben, sonst hätte sie vermutlich nicht eine Nummer für das Auto hinzugefügt und vermerkt, dass die Schwestern aus Tübingen kamen.

Elsa kam an dem Feldkreuz, das auf ihrer Wiese stand, fast täglich vorbei, da der Pfad, den sie immer nach Belsen genommen hat, hinter ihrer Wiese begann und im nahen Walde bergab führte. Das Gedicht ist mit einer Blechtafel an diesem Kreuz befestigt. Auch im Altenheim wollte sie das Gedicht bei sich haben. Sie behauptete manchmal, dass sie es selbst gedichtet habe, was in gewisser Weise stimmt, denn Elsa hatte ihre eigene Variation. Hier der Wortlaut, wie er am Kreuz steht:

> Ein Eichenkreuz am Wege steht
> von zahrten Händen treu gepflegt
> es steht für alle groß und klein
> in Beuren zum Dreifürstenstein.
>   A. H.

Elsa machte aus dem Vierzeiler einen Achtzeiler, ließ die »zahrten« und »treuen« Hände weg und machte daraus »viele« Hände. Sie ersetzte »Beuren zum Dreifürstenstein« durch »Wege zum Dreifürstenstein«, wählte also Worte, die ihr entsprachen und machte kurzerhand ein Elsa-Gedicht daraus.

Gewissenhaft schreibt Elsa auf das fünfte Kaugummipapier, wie viel Milch sie geholt hat und wann sie sie bezahlt hat. Allerdings nach dem Zahltag steht keine Literangabe mehr dabei. Von 10 Tagen im August irgendeines Jahres hat sie sieben Mal Milch geholt. Zwei Liter muss ihr Maß gewesen sein. Ich könnte mir vorstellen, dass sie eine Zwei-Liter-Milchkanne gehabt hat, mit der sie, wie auf dem Lande üblich, direkt im Stall Milch geholt hat. Für sie alleine – und ihre Katze – war das nicht wenig, aber der August ist auch ein heißer Monat und sonst hat sie, wie bekannt, nicht viel gekocht.

Den Blasiussegen hat sie auf ein Maggibuchstabensuppenpapier geschrieben. Diese Suppen, so wurde mir von mehreren Seiten erzählt, waren Elsas und ihrer Mutter Leibspeise. Der Feiertag des heiligen Blasius am 3. Februar gilt wie Lichtmess als Winterende. Mit gekreuzten Kerzen segnet der Pfarrer an diesem Tag den Hals, um vor allen Halsleiden zu schützen. Dabei sagt er die Worte, die Elsa aufgeschrieben hat. Aus diesem Grund heißt es in Elsas Aufschrift »bewahre dich vor allem Halsleiden«, weil der Pfarrer so zu Elsa spricht. Der heilige Blasius, gestorben 316, wurde als Märtyrer schon im 6. Jahrhundert gegen Halsleiden angerufen. Seine Attribute sind gekreuzte Kerzen oder ein Kamm. Schriftlich sind Blasiussegen seit dem 13. Jahrhundert überliefert.[83]

Die zwei Zeitungsfetzen dienten als kurze Notizen für Dinge, die sie noch erledigen wollte: sich um ihre Rente kümmern und eine Bierrechnung begleichen.[84]

Jeder dieser Zettel zeugt von etwas Wichtigem in Elsas Leben: die Gewalt gegen sie, aber auch, dass an sie gedacht und sie beschenkt wurde, der Zusammenhang der Vormundschaft und der Fürsorgeschwestern, ihre Vorliebe zu dichten und ihre enge Beziehung zur Religion. Und schließlich zeigen sie ein kleines Stück ihrer Alltagshandlungen. Nicht zuletzt widerlegen oder bestätigen diese zufällig nicht zerstörten kleinen Schriftstücke, die Aussagen »Anderer« über Elsa. Sie werden zu Dokumenten.

Die ersten drei Zettel sind die einzigen, die Elsa genau datiert hat. Es ist daher anzunehmen, dass sie von besonderer Wichtigkeit für sie waren. Die Begebenheiten, wie das Kommen der Fürsorgeschwestern oder das Geschlagenwerden, sind für Elsa prägende Erlebnisse, derer sie vielleicht, durch genaues Datieren und Festhalten, habhaft werden wollte. Auf diesen Zetteln sind Personen festgehalten, mit denen Elsa teilweise ein halbes Leben Umgang hatte: ihr Vormund, die Fürsorgeschwestern, K.'s Emma. Für Elsa waren diese Begegnungen nicht immer von einer

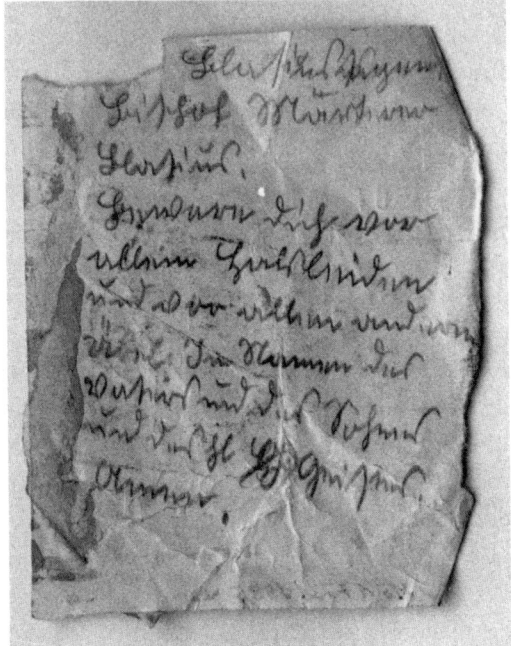

Der Blasiussegen. Elsa notierte ihn auf das Einpackpapier einer ihrer Lieblingsspeisen: die Maggibuchstabensuppe

wohlwollenden Art. Auf diese drei genau datierten Zettel hatte Elsa Ereignisse aufgeschrieben, die von außen auf sie zukamen. Sie stammen aus den 80er-Jahren, von 1980, 1984 und 1986, d. h. vielleicht hatte sie die Zettel nach Datum geordnet abgelegt oder zumindest an der selben Stelle. Die anderen Zettel betreffen ihr Inneres, auch ihr häusliches Leben. Ein für sie wichtiges Gedicht und ein Segen scheinen für sie zeitlos zu sein und bedürfen deshalb keiner Datierung.

Das Maß der aufgelesenen Dinge wurde zum einen bestimmt durch Elsas Rucksack. Zum anderen scheint es dadurch bestimmt worden zu sein, welche Dinge Elsas Aufmerksamkeit auf sich zogen, denn die Größe aller von ihr gesammelten Dinge, auch die Zeitungsfetzen und die beschriebenen Zettel überschreiten selten das Höchstmaß von 10 cm in Höhe und Breite. Die nach Längen geordneten Holzstücke, die aufgestapelten Zigarettenschachteln, selbst die Form ihres Schriftblockes auf den Zetteln, gerade bei den Kaugummipapieren, sind erstaunlich regelmäßig und lassen auf einen ausgeprägten Format- und Formsinn schließen, auch, dass der Formsinn mit einem ihr eigenen Ordnungssinn verbunden ist. Vermutlich war es bei Elsa ein nach Formen gesammeltes Ordnen. »*Ordnen ist eine wichtige Form des Umgangs, und sammelndes Ordnen ist sicher eine Voraussetzung für die Analyse, in die freilich durch die Struktur der Ordnung Bilder, Vorstellungen, Ideologien einsickern, und so entsteht unsere Realität.*«[85]

Die Zettel sind gültig, aber nicht endgültig, denn sie bewahren etwas Flüchtiges und Unabgeschlossenes, weshalb sie nicht wichtig und wertvoll erscheinen, im Gegensatz zu einem Buch. In ein Buch zu schreiben, wäre Elsa, glaube ich, nicht einmal in den Sinn gekommen. Sie besaß angeblich an Büchern lediglich einige Katechismen, d. h. für sie standen in Büchern heilige Worte, existierte ein einheitlicher Geltungsbereich. Sie hatte vielleicht sogar eine Scheu gegenüber dem Buch. Deshalb schienen für Elsa diese Zettel eine Form der Angemessenheit zu sein, angepasst an ihre Form zu leben.

Zwischen zu Tode lachen und zu Tode erschrecken

BÜHNENSTÜCK

In der Spannweite zwischen »zu Tode lachen und zu Tode erschrecken« finden sich die Verhaltensweisen gegenüber Elsa. Folgende zwei Zitate aus den Interviews markieren die Eckpunkte: »*Da hanna war se amol beim Beck, dem hotse Kohla neigschitt en ihrem Ufzug, des missetse sich amol vorstella, do hots des in des Kellerfaischter, ond aehhhhm, aaaahhhhm, do het i mi ofach z'Tod lacha kenna obra.*«[86]

Herr B. erzählt, dass er nachts nach einer Sitzung von Mössingen die kleine Straße von Belsen nach Beuren hochfuhr, da tauchte in einer Kurve im Halbdunkel eine sitzende schwarze Gestalt mit Sense auf. Er sei zu Tode erschrocken und dachte, er träume, es sei der Sensenmann. Da war es die Elsa, die von einem Botengang spätnachts auf dem Heimweg war und sich auf einem Markstein sitzend ausruhte.

Das Entsetzen und das Lachen, auch das entsetzte Lachen zeigt sich nirgendwo deutlicher als in der Fasnacht, auch wenn, oder gerade weil Fasnacht nur noch ein folklorisierter Rest des Heidnischen und Dämonischen sei.[87] Es verwundert nicht, dass Elsa schon seit den 50er-Jahren an Fasnacht »aufgeführt« wurde. Frau R. aus Hechingen erzählte: »*1956 bin ichs erste Mal als Elsa aufgetreten. Die Leut, die die Elsa kannt hond, des war nemme schee, der ganze Museumssaal hat gejohlt. Das war an der Fasnacht, seither mach i des immer mal wieder. Die kennen die Elsa auch alle, die Hechinger kennen die Elsa. (...) Da war des an dr Fasnacht ofach dr Hit, dia Elsa, ond da han i sia wahrscheinlich au no mit hochge-*

jubelt, ihr gute Seiten, alles, was se lustigs gsagt hot, gsagt ond it emmer gscholta, oder was se emmer gschwätzt hot, was it so viel Wert ghet hot. Manche haond mi dfür gehalten und gsagt: Komm rei, Elsa. Noch ben i no en a anderes Lokal, dann hot dr Kiaferwirt, do isch se emmer na zom Kiafer, der hot Moscht ghet, ond zo dem isch se emmer na, befor se hoch isch. Der hot den Rucksack gsea ond dia Kapp so rei, dia hanne extra so ghäcklt ghabt ond der: Uhh, jetzt kommt Elsa. Des war für mi natürlich a Köstlichkeit, dass diea mi sofort erkannt hond. Dann bin i no in a anderes Lokal, dr' Glamser, des isch au so a Original, wo der mi gsea hot, haotr gsait: Gang du etz hoim, wa wid du no do, mach dass du nuf kommscht ge Beira.«

Für Frau R. ist Elsa die Chance, einmal im Jahr in eine andere Hülle, in Elsas Hülle, in ihre Kleider, Schuhe, Mützen und Schals hineinzuschlüpfen. Elsas Gesten und Sprache, »*man musste das Maul so fire schiaba*«, so gut beobachtet zu haben, dass sie als Elsa wiedererkannt wurde, war eine »Köstlichkeit« für sie. Einmal im Jahr jemand anders sein, selbst ein Original, unverwechselbar.[88] Jedoch kann das nicht jede, wie sie betonte, denn außer der guten Beobachtung muss man eine Zuneigung zu ihr haben: »*Ich mag sie regelrecht und das merkt sie auch, wer sie mag.*« Aber es ist eine Hülle, in der nur die »guten und lustigen Seiten« erlebt werden müssen, nicht die Schattenseiten, das, »*was nicht so viel Wert hat*«. Es bleibt die Möglichkeit, wenn aus dem Spiel Ernst zu werden droht, den »Spuk« jederzeit mit Lachen aufzulösen. Sie kann aus der Hülle wieder herausschlüpfen, denn sie hat die Wahl zwischen den zwei Personen Elsa-Frau R. Das Spiel »Elsa« ist ein Spiel mit der Lust des Erschreckens anderer (»Uhh, jetzt kommt Elsa!«) und der Lust, andere über »Elsa« unbändig lachen zu sehen (Der ganze Saal hat gejohlt). Das Spiel bietet sowohl für die Darstellerin als auch für die Zuschauer die Möglichkeit, etwas nachempfinden zu können und gleichzeitig abzuschütteln, über etwas zu lachen, um sich davon zu befreien. Gleichzeitig ist die »Bühnen-Elsa« eine schon einmal »verdaute« Elsa: »*Sie hat viel gescholten und dann sind immer mal wieder so nette Sächla gekommen, die erwäh-*

Zwischen zu Tode lachen und zu Tode erschrecken

nenswert sind und dann so eine Show von etwa 10 Minuten ergeben hat.« Der Elsa auf der Bühne muss man nicht Rede und Antwort stehen, dort ist man nicht mit ihrer Leibhaftigkeit konfrontiert, ihren Gerüchen, dem Dreck an ihren großen Stiefeln. Die Bühnen-Elsa fordert nicht Essen noch Trinken und keine Anstrengung, ihrer Rede zu folgen. Es ist die wohlproportionierte Elsa, damit man sich nicht an zu großen Brocken verschluckt. Trotzdem scheint durch die »falsche Elsa« die richtige hindurch und sie kann »das Lachen« und »das Erschrecken« hervorrufen. Deshalb ist es nicht ungefährlich, dieses Spiel zu spielen. Frau R. glaubte, Elsa mit Gaben besänftigen zu müssen: *»Ich habe dann schon ein schlechtes Gewissen gehabt, auf der Fasnacht, und gedacht: Oh je, diea Elsa wird mir doch it bais sei. Und dann ist da einmal eine Frau zu mir in Laden gekommen und hat gesagt: – Das würde ich aber nicht machen, hören se mal, sie machen ja die Frau da aus. – I mach dia it aus, i mach se höchstens no berühmter in Hechingen, aber i han scho Bedenka, da hantse scho recht. Dann ist die Elsa tatsächlich ein paar Tage später in Laden gekommen. Ich habe ihr schon ein paar wollene Strümpfe und einen warmen Unterrock hingerichtet gehabt, weil ich mir dachte, was könnte ich auch tun, wenn die kommt und schilt. Dann hat sie erst ein bisschen erzählt, da wars ja Winter: – ond s isch kalt, aber des machet mir nix aus. – Uf oimal sagt se: – Do hont se gsaigt, i sei uf dr Fasnet gsei. – Wa han i gsait, uf dr Fasnet. – Jo, do beim Foto Keidel hot ma Bilder ausgstellt vo dr Fasnet, aber i hau mi it gsea, aber des goht de Leit au en Scheißdreck a, i ka jo uf d'Fasnet, wann i will. – Dann war ich gerade erleichtert, habe ihr aber Strümpfe und Rock gegeben.«*

Elsa bewegt sich nicht nur in der Fasnacht frei und ungebunden, nicht nur in der festgesetzten Zeit ist sie nonkonform und lässt sich von niemanden vereinnahmen. Deshalb wird die »Bühnen-Elsa« an Fasnacht zwar als Lustbarkeit empfunden, außerhalb dieser Zeit hört der »Spaß« jedoch auf und das Spiel kippt in Erschrecken um.

»SE WAR ID WIA ANDRE«

»So isch halt, wenn d'Leit id send wia andr Leit«, bringt die Beurenerin vieles, was Elsa widerfahren ist, auf den Punkt. Als Original der Region wird Elsa sowohl auf der Bühne als auch in den zahlreichen Zeitungsartikeln gehandelt. Nicht zum Ausdruck darin kommt, dass es zwiespältige Gefühle waren, die ihr entgegengebracht wurden. Diese wurden erst durch die Interviews und in den Gesprächen offensichtlich, sie zeichnen ein feineres Bild der Reaktionen auf Elsa: »entsetzt sein«, »belustigt«, »irritiert«, »fasziniert«, »nicht mehr aus dem Kopf gegangen«, »Angst vor ihr haben«, »auf den Wecker gegangen«, »Mitleid mit ihr haben« und »lachen«. Dem Faziniertsein, Lachen und Mögen steht auch eine massive Abneigung und Abwertung gegenüber. Die Beurteilungen fallen unterschiedlich, manchmal hart aus. Sie zeigen, und das ist es wohl, was an Elsa als faszinierend empfunden wird, dass sie sich nicht leicht einordnen lässt. *»Geistig ist sie schon ... man hats ein bisschen nobel ausgedrückt, sie war geistig schon verdreht. Aber so, wie sie gelebt hat, hat das gelangt, und sie hat sich behauptet. Also man kann sagen, sie war naiv, war sie schon, aber trotzdem eine gewisse Schläue dahinter, trotzdem leicht grotesk und doch wieder leidig«*, versuchte Frau R., Elsa in Worte zu fassen.

»Dumm sein«

Manche nehmen in ihrer Einschätzung kein Blatt vor den Mund und sagen direkt, dass sie die Elsa »dumm«, »blöde«, »deppet« und »nicht normal« finden. Dabei widersprechen sich die Aussagen. Beinahe im gleichen Atemzug kann erzählt werden, dass Elsa nicht dumm sei, um gleich darauf zu erklären, wie dumm sie sei. Eine Beurenerin:

»Noia, d'Elsa isch id domm, d'Elsa isch hell, d' Elsa isch id domm. Wiam halt so en dr Schual gsei isch, wa, ... des ka ma sich heit nemme vorschdella jeh, Gottle, vo dr erschda bis zo 7. Klass isch ma en dr Schual gsei, do hond älla au oin Lehrar ghed, koine zwe, drei. Wenn halt d' Leit

a bissle ... mit de Deppa kama nix macha. {Wenn d'Leit was?} *Wennse id normal send.* {Wer, d'Elsa?} *Ha d'Elsa, d'Elsa hot halt au ebbes ghed, so ischse au id normal gwea.«*

Andererseits wurde von ihrem Vormund erzählt: Dumm sei die Elsa nicht. Sie habe immer alles gewusst, über Geburtstage, Hochzeiten, Beerdigungen. Sie habe sehr wohl gemerkt, wer sie ausnützen wolle, da sei sie nicht mehr hingegangen und habe manchmal auch furchtbar schimpfen können. Und sie habe liebend gerne Zeitung gelesen, auch jetzt im Altenheim habe er ihr versprechen müssen, dass sie ihre Zeitung kriegt.

Dumm sein – nicht dumm sein war in Bezug auf Elsa jedenfalls ein Thema. Aber auf was bezog es sich genau? Meist fällt die Beurteilung dumm im Zusammenhang mit Alltagshandlungen, die Elsa anders machte als von ihr, besonders als Frau, erwartet wurde, oder die sie überhaupt nicht machte: kochen, heizen, waschen, Geld ausgeben, Dinge wegwerfen und neue Kleider anziehen.

N.: *»No war dia jo so domm, dia war jo so domm, d'Elsa, am Wenter isch dia an kalda Ofa nagschdanda, ... hot kein Holz gholad. Hot kei Feir gmacht, selbschd des id, isch halb vrfrora, ... mach a Fuur.«* (...) Wenig später können sich die zwei Frauen aus Beuren zum gleichen Thema, heizen, nicht einigen, ob Elsa zu faul, zu geizig oder zu dumm dafür war:

B.: *»Dia isch z'faul gsei zom Schira«.*

N.: *»Dia hot, also i hau a mol guggat, oder bee mol donn gsei, no hotse vielleicht a Scheitle neikeit, dr brennt id, dr brennt id, dr isch hee, dr duat id, no hanne gsait, du mosch doch schira. No hot mra en elektrischa Heizkörper nagmachat ond do ischse au z'hongrig gsei, zom Einschalta.«*

B.: *»So domm ischse gsei.«*

Als es um das Kochen ging meinten die zwei: *»Diea* (Elsa und ihre Mutter) *hond jo niea kocht, glaub idda mol en Kaffee macha kenna. Aber Schnaps hodse gsoffa, Schnaps hodse mega d'Elsa. I woiß id, wa dia gfressa hand. Des send furchtbare Leid gsei.«* Dass das Dummsein sich vor allem auf Handlungen bezieht, die von ihr als Frau erwartet wurden, zeigt sich analog daran, dass Elsas Vater als »dumm« bezeichnet wurde, weil er die Kartoffeln nicht zur richtigen Zeit geerntet hat. Die Frau ist zuständig für das innerhäusliche Leben, der Mann für das außerhäusliche. Dieser Erwartung haben beide gerecht zu werden. Elsa habe ausgesehen wie ein Mann, essen können wie ein Mann und, was gerne in Anspruch genommen wurde und akzeptiert war, »schaffen« können wie ein Mann, aber sie ist keiner und das bekommt sie zu spüren. Beide Frauen bekommen das in ihrem männerlosen Zusammenleben zu spüren. Der erste Schritt war die Vormundschaft über beide Frauen, eine männliche. Die Zurückweisung in die als weiblich definierten Schranken bekommt Elsa an ihrem eigenen Leib zu spüren, und zwar sowohl von Männern wie von Frauen, und das nicht nur auf verbale Art, sondern auch handgreiflich, gewalttätig.

Nicht dumm genannt wird sie, wenn es darum geht, dass sie um Geld handeln und »schaffen« kann. Plötzlich fallen die Beurteilungen anders aus, zum Beispiel, wenn Elsa den Kaminfeger nicht bezahlen wollte, weil es bei ihr nichts zu tun gab, da sie sowieso kein Feuer machte: »*Sie tut nicht viel kochen*«, hat sie erzählt, so Frau R. aus Hechingen. »*I be immer unterwegs, dann muaß i dauernd einkaufe, dann muaß i en dr Kirch firba, muaß i doch au. Jetzt muaß i di amol ebbes froga. Also wenn i it fure, weil i grad it koch, noch fure i jo au it, ond da hot dr Kamefeager zo mir reikomma wella zom Ruaßla, etz moß i di froga, moß i dr Kamefeager reikomma lau zom Ruaßla, wenn i it fura, do braucht doch der it ruaßla bei mir, do brauch i den doch it zahla, oder wa glaubst denn du.*« – »*Des war scho schlau*«, sagte daraufhin Frau R. Die Wagnersfrau aus Belsen erzählte: Dann konnte sie auch mal sagen, der Wagner in Mössingen, der hat mir das billiger gemacht, nein, dumm in dem Sinn war sie nicht. Sie sagte auch, dass man mehr auf die Rechnung schreiben soll, damit sie auch was habe, denn d'Leit würden nicht gut bezahlen.

»Schaffen« können, und damit ist körperliche Arbeit gemeint, das ist offensichtlich ein Wert, an dem Dummsein von Nicht-Dumm-sein unterschieden werden kann. Elsas Schwester Josefine, so wurde immer

wieder betont, »des war de Beschd«, weil sie 40 Jahre lang in der Fabrik arbeitete. Auch ihr jüngerer Bruder Oskar, »sei ein ordentlicher Mensch« gewesen, weil er Frisör gelernt hat. Plötzlich war nicht mehr die Rede davon, dass Elsa faul sei: *»Fleißig isch se gsei, d'Elsa. Se isch id domm gsei, d'Elsa, älle hond se mega. Schaffa hotse kenna, oh, schaffa hotse kenna, wianen Ma, ond gnau, gnau. Beim Holz nabeiga, koi Mensch ka so Holz nabeiga, wia ama Stift. Allweil, ällweil hodse scho alls ufs Deng dau.«* Hatte Elsa aber mal keine Lust oder Zeit zum »Schaffen« zu kommen, wurde ihr das übel genommen.

Natürlich hatte auch für Elsa das »Schaffen« einen hohen Stellenwert. Sie beklagte sich öfters, dass ihre Arbeit nicht genug geschätzt wurde *»dia warad scho no sea, dass i fehl«* und *»ez duats halt neamad me«*. Oder wenn sie bitter feststellt, dass sie von Beuren niemand im Altenheim besucht, *»alle kommatse net, waisch, dia wissats schau«* und *»d'Nochbre dedanna, dia kommat au id, neamad kommt. Ez bene scho lang do, veir Johr. I wasch schau, i wasch schau, mi will koine me.«* Sie bemerkt, dass es vergessen wurde, wie viel sie gearbeitet hat. *»I hau veil dau, allgemein, i haus kenna, no hannes halt dau, wenns nemad duat, s'hot nemad dau, wian i«*, konnte sie oft sagen. *»I be halt älles gsei, älles haun i dau. Jo, ez kanes halt nemme, ez moße halt doa wiane ka, des gheit sich jo vomalloa, isch it wohr. So isch halt em Altr, beata, mai kane it.«* Das Arbeiten und in Ordnung halten, *»wenn ebbes isch, no dur es aweg, i dur halt älles sauber macha«*, war für sie Bestätigung und Halt, vielleicht auch Ablenkung von anderen Dingen, an die sie sich nicht erinnern wollte, denn sie sagte einmal, dass sie immer gearbeitet habe, bis sie nicht mehr konnte, und dann erst sei sie nach Hause gegangen: *»Ällaweil gschaffad, i hau koi Zeit ghet, ällaweil hie, ällaweil wia hie, au em Krautland, ällaweil hie, bis e fedig gsei be, no bene halt hom, jo.«*

»So isch halt, wenn d'Leit it send wia andre.« In vielem gab Elsa Anlass zur Abgrenzung. Anderssein wird nicht nur auf dem Dorf schnell negativ belegt. Christel Köhle-Hezinger schreibt über Marie Frech: *»Marie habe ›einen Willen‹ gehabt, so wird erzählt. Das schwäbische*

Frauenbild ›koi Guete‹ stellt sich ein. Solche negativen Umschreibungen suchen nach Gründen bei jenen, deren Leben Anderssein und Eigensinn erkennen lässt. (...) Selbstbehauptung, gesehen als störrische Beharrlichkeit und Widersetzlichkeit, wird im Schwäbischen zu ›eckig‹, ›borstig‹ und ›frech‹.«[89] Ein gutes Stück war Elsa »das Gerede« wahrscheinlich egal, auch wenn sie die Geringschätzung sehr wohl gespürt und oft genug an ihrem Leib erfahren hat. »*D'Leit send Gradamachr ond a Lombapack*«, ist ihr Resümee aus solchen Erlebnissen. Wichtig war ihr, so ihr Vormund, vielleicht gerade deswegen ihre Freiheit und die Natur. In der Natur fühlte sie sich am wohlsten, sie wollte sich nirgends einzwängen lassen.

»DES ISCH EN ARMA DEIFL GSEI, D'ELSA, GANZ GWIESS WOHR.« DIE NS-ZEIT

»Man darf es ja nicht mehr sagen, mit der Erblehre, aber irgendwo stimmts halt doch, das hat doch schon der Pfarrer, der mit den Bohnen rausgefunden, aber da kam eben von der anderen Seite (Elsas Mutter) *nichts rechtes.«*[90]

400 000 Menschen sind während des Nationalsozialismus zwangssterilisiert worden, lese ich immer wieder in der entsprechenden Literatur. Die Worte darüber erscheinen abgenutzt, reichen nicht aus. Die Zahlen geben einen ersten Eindruck von der Dimension, doch werden sie nicht in Bezug gebracht, können sie letztendlich ebenso leicht handhabbar und neutral werden, vergessen lassen, dass von einzelnen Personen Erlittenes dahintersteht. Eine Vorstellung vom Ausmaß des Erlittenen, bis in seine feingliedrigsten Gemeinheiten und Brutalitäten, wurde mir annähernd deutlich durch Elsa. Und umgekehrt, durch den Vergleich mit dokumentierten Erzählungen anderer Frauen über ihre Zwangssterilisation, wurden mir die Zusammenhänge, die für Elsas Zwangssterilisation ausschlaggebend waren, erst erkennbar. Der eigentliche Akt der

Zwangssterilisation steht nicht für sich allein als isolierte Tat. Ihm voran gingen Demütigungen; andere resultieren erst aus ihm und ziehen sich bis hinein in unsere heutige Zeit, da die Personen für alle endgültig und deutlich stigmatisiert sind. Frauen waren dem in einem besonderen Maße ausgesetzt. Nicht nur war der medizinische Eingriff, die Verletzung am Körper und somit auch die seelische Verletzung eine größere als bei Männern sondern auch die Folgen der Sterilisation waren schwerwiegender. Sterilisierte Frauen waren der Gefahr der Vergewaltigung in erhöhtem Maße ausgesetzt, wie sich auch bei Elsa zeigte, wussten sogar die Dörfer der Umgebung über die Sterilisation Bescheid.[91] Bis heute wird verständlicherweise nicht gerne darüber gesprochen, jedoch, so mein Eindruck, nicht unbedingt deswegen, weil eine persönliche Einsicht wachsen konnte, worin das Unrecht besteht – die Leute ließen auch bei Elsa öfters durchblicken, dass sie ihre Zwangssterilisation heute noch gerechtfertigt finden – sondern, wie das Eingangszitat zeigt, weil gelernt wurde, was man nicht mehr aussprechen darf. Durch Elsa veranlasst gestaltete sich die Topographie des mir bekannten Raumes, Tübingen und die Schwäbische Alb, neu.

Bekannte Orte und Männer

Mediziner, Juristen, Psychiater, Anthropologen usw. entwickelten, nicht nur in Deutschland, sondern z. B. auch in den USA und den Niederlanden, schon Jahrzehnte vor der Machtübernahme Hitlers, rassistische und rassenhygienische Theorien und forderten ihre Umsetzung. Der Jurist Karl Binding aus Leipzig und der Psychiater Alfred Hoche aus Freiburg brachten bereits 1920 eine Schrift »Die Freigabe der Vernichtung lebensunwerten Lebens« heraus, die in der Weimarer Republik auf enorme Resonanz gestoßen ist und die später von den Nationalsozialisten verwendete Begriffe wie »Ballastexistenzen« und »Menschenhüllen« enthält.[92] Die Rolle der Wissenschaft kann, gerade in einer Universitätsstadt, nicht genug betont werden. Auch in Tübingen waren zahlreiche Mediziner und Anthropologen an der Vorbereitung und wissenschaftlichen Rechtfertigung der »Rassenhygiene« beteiligt. *»Sie begrüßten das Gesetz ›zur Verhütung erbkranken Nachwuchses‹ (GzVeN), das die NS-Regierung bereits am 14. Juli 1933 verabschiedete, und beteiligten sich an seiner Durchführung.«*[93] Prof. Robert Gaupp war einer von ihnen. Er war von 1906 bis 1936 Direktor der Universitätsklinik für Nerven- und Gemütskrankheiten in Tübingen und schrieb 1934: *»Sollte es künftig bisweilen vorkommen, dass ein Schwachsinniger (...) sterilisiert würde, bei dem die rein angeborene und vererbte Natur des Schwachsinns fraglich ist, so wäre ein solcher Irrtum angesichts des großen Zieles einer erfolgreichen Bekämpfung fortschreitender Zunahme der Minderwertigen nicht allzu tragisch zu nehmen.«*[94] Dr. Dr. Robert Ritter, der in den 30er-Jahren die »Zigeunerkartei« erstellte, war gleichfalls in der Tübinger Nervenklink tätig. *»Seine rassistischen Feldforschungen lieferten die ›wissenschaftliche‹ Grundlage für die Sterilisation dieser Menschen und ihre Ermordung in Konzentrationslagern.«*[95] Professor Hermann Stutte, der 1936 von Gießen nach Tübingen kam und seit 1938 die Kinderabteilung der Universitäts-Nervenklinik in Tübingen übernommen hatte, hat, nach jahrelangen Recherchen des Pädagogen Wolfram Schäfer in den Archivakten, sowohl an Gutachten als auch an Anzeigen und Anträgen auf Unfruchtbarmachung mitgearbeitet. Wie meistens der Fall konnte auch Stutte nach dem Krieg übergangslos in Marburg weiterarbeiten und wurde dort mit Ehrendoktorwürden usw. ausgezeichnet. Erst 1993, 11 Jahre nach seinem Tode, wurde seine Tätigkeit als Sterilisationsgutachter aufgedeckt.[96]

Nachdem 1933 das »Gesetz zur Verhütung erbkranken Nachwuchses« verabschiedet wurde, wies 1934 ein Runderlass insbesondere Fürsorgebehörden an, alle vermutlich an Erbkrankheit oder schwerem Alkoholismus leidenden, dem zuständigen Oberamtsarzt mitzuteilen. Zur Erinnerung, Elsa und ihre Familie wurde von den Fürsorgeschwestern aus Tübingen betreut, wie Elsa genauestens auf einem der Kaugummipapiere festgehalten hat. Da Mitteilungen offensichtlich nur spärlich eingingen, ergriff der für den Kreis Tübingen/Rottenburg zuständige

Amtsarzt und Leiter des Tübinger Gesundheitsamtes, Medizinalrat Dr. Brasser die Initiative und schlug vor, den Bürgermeisterämtern eine Frist bis spätestens zum 1. November 1935 zu setzen. Daraufhin wurden von der Verwaltung in Tübingen fristgerecht 58 Menschen als erbkrank denunziert. Von gesetzlichen Vertretern (Vormunde) gingen im Bereich des Gesundheitsamtes Tübingen/Rottenburg in den Jahren zwischen 1935 und 1941 zwei Anträge ein, von den angeblich Erbkranken selber kein einziger.[97]

»*Am 31. August 1939 beendete die 6. Durchführungsverordnung zum Erbgesundheitsgesetz weitgehend die nach dem Gesetz vorgesehenen Sterilisierungen.*«[98] Es ist deshalb fraglich, ob Elsa tatsächlich, wie in der Interviewaussage behauptet, erst 1944/45 sterilisiert worden ist. Trotzdem liegt es im Bereich des Möglichen, da Sterilisationen auch zu diesem späten Zeitpunkt immer noch vorkamen. Im Oktober 1939 gingen in den Psychiatrischen Anstalten die ersten Meldebögen ein, die zur Durchführung der »Euthanasie-Morde« führten. Hatte das Regime sich in »Friedenszeiten« mit Zwangssterilisationen der ihnen unliebsamen Menschen begnügt, waren mit Kriegsbeginn alle Schranken gefallen. »*Von der Euthanasie wurden in Württemberg 48 staatliche und konfessionelle Anstalten erfasst, zu denen in Hohenzollern das Landeskrankenhaus in Sigmaringen kam.*«[99] In Grafeneck bei Münsingen wurden 10 654 Menschen umgebracht, davon waren 3884 aus württembergischen Anstalten.[100] »*In den württembergischen und badischen Anstalten erfolgten die ersten Abholungen mit den ›grauen Bussen‹ direkt nach Grafeneck zwischen Februar und Juni 1940, und zwar in Weinsberg als erster Anstalt in Württemberg ab 25.1.1940, in Zwiefalten, das auch Patienten aus dem Kreis Balingen verwahrte, ab 26.4.1940. In der Heil- und Pflegeanstalt Mariaberg als der Sigmaringen am nächsten gelegenen Einrichtung waren auch schon am 1.10.1940 die ersten Patienten abgeholt und getötet worden. (...) Ein Patient, der von der Abholung verschont blieb, berichtete später: ›Als Augenzeuge kann ich bekunden, dass unter den von Sigmaringen nach Grafeneck deportierten und dort er-*

mordeten Anstaltsinsassen eine ganze Anzahl von lebens- und arbeitsfähigen, ja intelligenten Menschen waren, die nicht einmal in eine geschlossene Anstalt gehörten, geschweige denn ›lebensunfähig‹ oder ›alt und gebrechlich‹ oder ›unheilbar geisteskrank‹ waren. Auch Juden waren dabei!‹«[101]

Geschlecht wird zu Politik gemacht

Die Zwangssterilisationen machen deutlich, dass im Nationalsozialismus am Körper Politik gemacht wurde. Diese Körperpolitik, mit all seinen Gewalttätigkeiten, betraf in besonderem Maße Frauen. Bis heute ist das ein dunkler Punkt in der Geschichte, auch in der Frauengeschichte geblieben.

Für die Sterilisation von Frauen in Württemberg waren die Frauenkliniken in Tübingen und Stuttgart sowie die chirurgische Klinik in Ulm zuständig. Chef der Frauenklinik in Tübingen war Professor Dr. August Mayer. Er wollte seine Klinik zur zentralen Erbgesundheitsklinik des Landes machen. Nach einer an der Tübinger Frauenklinik angefertigten Dissertation von 1938 wurden bis zum 1. Oktober 1936 an der Frauenklinik Tübingen 414 Frauen zwangssterilisiert, *»219 von ihnen wegen so genannter Debilität.«*[102] In Hohenzollern, dem Gebiet aus dem Elsa kommt, wurden nach Untersuchungen von Gabriel Richter ungefähr 275 Menschen zwangssterilisiert.[103] Die meisten Männer wurden in Sigmaringen im Fürst-Carl-Landeskrankenhaus sterilisiert; nach einer dort geführten Liste waren es 101 Männer. Für Frauen war die Universitäts-Frauenklinik Tübingen zuständig, was mit der Aussage, dass Elsa in Tübingen in der Klinik war, übereinstimmt. Sie hat ihre Erfahrungen, wie im Abschnitt »Gedichte« schon erwähnt, in ihrem »Klinikgedicht« festgehalten und wollte später, dass man es dort aushängt. »Nun ade du stolzes Krankenhaus, auf nimmer wiedersehen«, endet sie.

Den Antrag auf Zwangssterilisation einer Person konnten außer Amtsärzten und LeiterInnen von Krankenhäusern, Heil- oder Pflegeanstalten, die zur Meldung verpflichtet waren, auch die Vormunde, Für-

sorgerinnen und Gemeindeschwestern stellen. Nach Interviewaussagen hatte das Vormundschaftsgericht die Zwangssterilisation von Elsa veranlasst, genausogut könnte es auch über die Fürsorgeschwestern gelaufen sein, denen Elsa jedenfalls misstrauisch gegenüber stand. Nach dem Erbgesundheitsgericht wurde der Antrag von einem Amtsrichter, einem Amtsarzt und einem weiteren Arzt entschieden. Hatte das Erbgesundheitsgericht entschieden, konnte die Zwangssterilisation gegen den Willen der Personen ausgeführt werden. Gewalt war ausdrücklich erlaubt und wurde angewendet von Polizei und Ärzten. *»(...) in Württemberg war solche Gewaltanwendung bei jedem zwölften Sterilisationsopfer nötig. (...) Bei den mit Zwang Sterilisierten, die körperlich und seelisch verletzt wurden, kam es zu Schwierigkeiten bei der Heilung, wie in der anfangs erwähnten Untersuchung der Frauenklinik Tübingen zu lesen ist: Manche Patientinnen waren unruhig und versuchten, den Verband abzureißen, andere lagen starr und entsetzt in ihren Betten: ›Nur wer diesen Zustand gesehen hat, begreift, warum es bei diesen Kranken doch relativ häufig zu Bronchopneumonien (Lungenentzündung) kommen kann. Aber alle prophylaktischen Maßnahmen scheiterten an der inneren Abwehr dieser zu Tode erschrockenen Kranken, die kaum noch zu atmen wagten.«* [104]

Bei den Operationen wurde das Leben der Menschen, vor allem der Frauen, bewusst aufs Spiel gesetzt. Gisela Bock ermittelte, dass ungefähr 5000 Menschen durch die Operationen starben, davon waren 90 Prozent Frauen. *»Ihr Tod war nicht ein missliches ›Nebenprodukt‹ einer ›nur‹ auf Sterilisation und ›nicht‹ auf Mord zielenden Geburtenpolitik, sondern geplanter und bewusster Massenmord. Für Frauen war die Sterilisationspolitik nicht Vorstufe, sondern Beginn und erste Etappe der Massenmorde an Frauen und Männern. Messer und Tod, Gewalt und Vergewaltigung waren für Frauen nicht nur Metaphern, sondern seit 1934 Realität.«* [105] Und weiter schreibt Gisela Bock: *»›Biologie‹ bedeutet, auf Frauen bzw. auf die Beziehungen der Geschlechter angewandt, Ähnliches wie im rassistischen Denken: Sie soll ›Minderwertigkeit‹ durch ›Unterschie-*

de‹ legitimieren, durch körperliches, seelisches und kulturelles (wirkliches oder angebliches) ›Anders‹-Sein des ›anderen Geschlechts‹.«[106]

Dass das Gesundheitsamt die »biologische Zentrale« der Bevölkerungspolitik war und dass die im Nationalsozialismus durchgesetzte Reform des öffentlichen Gesundheitswesens ursächlich wie intentional mit Frauen zu tun hatte, zeigt Gabriele Czarnowski. Denn immer waren die Maßnahmen ein doppelter Zugriff auf das Gebärvermögen der Frauen: die einen (»die Unwerten«) wurden gewaltsam sterilisiert, für die anderen (»die Arischen«) galt ein Verbot der freiwilligen Sterilisation, desgleichen galt für die Abtreibungen. Sie folgert weiter, dass die »Bevölkerungspolitik« »*zugleich die Eroberung einer Machtposition eines ganzen medizinischen Berufsstandes über den Körper* (beinhaltete). *Sie war ein gewaltiger Schritt in Richtung auf die politische Festschreibung ärztlicher Zuständigkeit für Sexualität, Schwangerschaft und Schwangerschaftsverhütung.*«[107] Auch heute noch sind das GVG von 1934 und die dazu erlassenen Durchführungsverordnungen die gesetzlichen Grundlagen des öffentlichen Gesundheitswesens geblieben. Gabriele Czarnowski sieht zu Recht, dass das damalige Ziel, durch Eheberatung ärztliche Einwirkung auf die nächste Generation zu erlangen, als Vorform dessen gesehen werden kann, was heute ohne Rechtszwang als humangenetische Beratung angeboten und in der pränatalen Diagnostik praktiziert wird. Es drängt sich die beängstigende Frage auf, was mit der Anhäufung von Daten, die heute wieder in den Gesundheitsämtern und bei ÄrztInnen erstellt und gesammelt werden, und auf die zudem heute ein viel leichterer und zentralerer Zugriff durch Computer und Datenbanken möglich ist, was mit diesen Daten, meiner Ansicht nach von den Frauen viel zu bereitwillig gegeben, alles geschehen kann.

Typischerweise wurde bei Frauen als wichtigster Grund für die Zwangssterilisation »Schwachsinn« angegeben. Der Einspruch von »Schwachsinnigen« galt als wert- und bedeutungslos. Inwiefern Schwachsinn auch konstruiert wurde, damit bestimmte Personen unter Vormundschaft gestellt und so vollständig entmündigt werden konnten,

interessiert mich in Bezug auf Elsa und ihre Mutter. Denn es darf nicht außer Acht gelassen werden, dass Anzeigen anonym und auch aus persönlicher Rache heraus geschehen konnten. Was als Schwachsinn galt, war geschlechts- und schichtspezifisch, denn weiblicher Schwachsinn wurde an der Haushaltsführung und Kindererziehung nur der Frauen und nicht der Männer bemessen. *»Wo ›die menschliche Leistung als Grundlage des totalen Staates‹ definiert wurde, war diese Arbeit geschlechtsbestimmt. Geschlechterspezifische Arbeit war ein zentrales Kriterium der Sterilisationsdiagnostik, die somit auch in dieser Hinsicht Sozialdiagnostik war. (...) Kurz, bündig und unbesorgt um genetische Einkleidung legte die Schwachsinns-Psychiatrie fest: ›Ein schlampiger, offensichtlich unsauberer und vernachlässigter Haushalt stellt einen wesentlichen Hinweis auf ein soziales Unvermögen dar. (...) Die Vorstellung der Richter von Hausarbeit waren diffus; gemeinsam war ihnen einzig, dass häusliche Arbeit weibliche Arbeit war, dass ihre Standards nicht von Frauen, sondern von Ärzten, Psychiatern, Juristen, Anthropologen gesetzt wurden und dass Hausarbeit in all ihren Formen für die Beurteilung weiblicher ›Sterilisationswürdigkeit‹ zentral war.«*[108] Damit konnte jedes Abweichen der Frauen, jedes Anders-sein, jede andere Lebensvorstellung eine körperliche und seelische Bestrafung nach sich ziehen. Nicht nur das Anders-sein-wollen, sondern auch das Nicht-anders-können wurde bestraft, denn viele Frauen, die sterilisiert wurden, stammten aus oder standen in ärmlichen Verhältnissen.[109] Die Sterilisationspolitik legitimierte, dass weder materielle noch sonstige Unterstützung für Arme oder Abweichende bezahlt werden musste. *»Dies war der Hauptgrund dafür, dass ledige Mütter vor allem dann als ›schwachsinnig‹ diagnostiziert wurden, wenn ein zahlungsfähiger Erzeuger nicht zu finden war.«*[110]

Dass die Politik der Zwangssterilisation für Frauen andere Bemessungsgrundlagen als auch andere Auswirkungen hatte, zeigt sich mit aller Härte auch bei Elsa. Fürsorgerinnen wiesen recht häufig darauf hin, *»daß Frauen durch ihre Sterilisation, die zumal auf dem Land sich* *schnell herumsprach, zu ›Freiwild‹ für Männer würden. Eine von ihnen berichtete, daß sie auf dem Land zum Freiwild werden, nicht weil sie selbst ein haltloses Leben führen wollten, sondern weil die Tatsache ihrer Unfruchtbarmachung irgendwie bekannt geworden ist und sie nun von den Männern gesucht werden.«*[111] Gisela Bock schlussfolgert: »*Die Massensterilisation von Frauen gegen ihren Willen bedeutete, über die polizeiliche, psychiatrische und medizinische Gewalt hinaus, Institutionalisierung und Freigabe sexueller Gewalt von Männern gegenüber Frauen. Sie war Teil der vom hygienischen Rassismus angestrebten ›grundsätzlichen Veränderung des Verhältnisses der Geschlechter‹.*«[112] Die Vergewaltigung von Frauen wurde nie thematisiert, weder nach der Sterilisation noch davor, denn in jedem Fall waren die Frauen selber schuld und mussten die Konsequenzen tragen, »*denn ›schwachsinnige‹ Frauen ›lassen sich von nicht schwachsinnigen Männern häufig geschlechtlich missbrauchen‹, (...) deshalb müsse man ›beim weiblichen Geschlecht‹ einen ›schärferen Maßstab anlegen‹.*«[113] Das heißt, Vergewaltigungen waren Grund zur Zwangssterilisation und die Zwangssterilisation zog weitere Vergewaltigungen nach sich. Über Elsa wurde gesagt, »*dass sie es eh nicht mitgekriegt hat, wenn ein paar Männer ihren Spaß mit ihr getrieben haben*«. Jeder wisse von den Geschichten, wo Elsa betrunken gemacht und dann sexuell missbraucht wurde.[114]

»D'Elsa isch au a Luadr«

Auch Frauen nahmen teil an der Gewalt gegen Elsa. Werden allein stehende Frauen aus pragmatischen Gründen oft von anderen Frauen als Konkurrentinnen ausgegrenzt, musste eine Sterilisierte, die als Freiwild galt, da keine Zeugenschaft mehr möglich und von den Männern zu befürchten war, von den Frauen als besondere Bedrohung empfunden werden. Das zeigen einige harmlose Erzählungen von Frauen über Elsa. Zum Beispiel, dass ihr Mann die Elsa nicht mit aufs Motorrad nehmen wollte, weil die sich sonst noch an ihm festhält und er dann das Gespött der Leute wird und dass sie außerdem stinkt; sie fügte aber dann hinzu:

aber eine glatte Haut hatte die immer. Oder eine andere Frau sagte, als der Videofilm über Elsa gedreht wurde: Jetzt fängt das schon wieder an, ich will nichts mehr von ihr wissen. Die brutale Handlung, als sie von einer Beurenerin mit dem Beil geschlagen wurde, hat sich tief in Elsas Gedächtnis gegraben. Sie hat, wie schon in »Die Beschriftung der Dinge« gezeigt, den Tathergang mit Datum, Uhrzeit und Beschreibung ihrer körperlichen Schmerzen auf einem der Zettel festgehalten und mir auch immer wieder davon erzählt.

Das Interview mit zwei Beurenerinnen über Elsa spricht seine eigene Sprache und bedarf keiner großen Kommentierung mehr. Darin ist all das Angesprochene enthalten: das angebliche Nicht-Bescheid-wissen, die Zwangssterilisation von Elsa, die Vergewaltigung und das Lachen darüber, das Abholen eines Kindes mit den »grauen Bussen« (wahrscheinlich nach Grafeneck) und das auch heute noch vorhandene Gedankengut, dass »Behinderte« lebensunwert seien. Zuerst war ich mit Frau B. alleine. Eine halbe Stunde später kam Frau N. dazu.

I. (Ich): Während em Kriag isch se au glofa?
B.: *Dia isch ällweil ganga, au während em Kriag.*
I.: Hotse koi Angscht ghed?
B.: *Dia hot doch koi Angschd, au id dur dr Wald na, om 2, 3, zo wela Zeit au, dia hot doch koi Angschd ghed.*
I.: Ond ischra nia was passiert?
B.: *Noi, nia, hawa noi. (...)*
I.: Ond währendem Kriag, moße au amol no em Krankahaus gsei sei?
B.: *Do isch se au amol em Krankahaus gsei.*
I.: Wa hotse do ghed?
B.: *Des woiß i id, des woiß i gar nemme, ... mit ihre Fiaß hot se amol was ghed ...*
I.: Do hotse vrzellt, dass se während em Kriag em Krankahaus war.

B.: *Ka se no so schwätza.* (Ablenkung)
(Als Frau N. hinzu kam, gab Frau B. die heikle Frage an diese weiter.)
B.: *Hot ma se opriert a mol, se hot jo so en Bauch ghet?*
(Frau N. anblickend)
N.: *Beim Hitler* (längere Pause) *hot ma dia schderelisert.*
(Ab hier sind die Stimmen leiser, die Pausen länger, Sätze werden abgebrochen, die Stimmung wird eine andere. Gestik und Mimik sagen, dass man über das eigentlich nicht redet.)
B.: *Jo, jo ...*
N.: *... sovill i domols mitgriat hau. Jo, jo.*
B.: *Genau.*
N.: *Jo, jo ohh. – Dia hond beschdemt au nonz ghet, dia Kendr älle.*
(Ablenkung auf die Kinder. Gespräch geht über die Kinder weiter.)
I.: Wann war des dann ogfähr, mit der Sterilisation, wissadse des no?
N.: *Ja, em Kriag ...*
B.: *... anna vieravierzig – feifavierzig, so ...*
N.: *... wo ma hot dia Leit fort, zom Sterilisiera ...*
I.: Send do no me furtkomma?
B.: *Ha a, ha a.* (Nein, nein.)
N.: *Von hier, ha a, i glaub itta. Isch ... d'Liese au fud komma?*
B: *Ha a, ha a.*
N.: *Odr ihra Schweschter, dia Josefa.*
B.: *Au idda, sell isch normal gsei, dia isch id so gsei.*
I.: Hot se des schau mitkriagt?
B.: *Scheints, wenn se somacht, aber ob se dees mitgriagt hot, warom oder so.*
N.: *So hot ma mol abbas gschwätzt ga, ob dia.*
B.: *Woisch, so domm ische no au it gsei, d'Elsa.*
N.: *Ja, noa.* (lacht)

      Frau B. fragt mich ziemlich aggressiv:
      Wandse no abbes wissa, wissad se ez ällas? Frau N. lacht.
I.:   Wer hot des dann vranlasst, dass dia Leit fut komma send?
B.: *Ha, s'Vormundschaftsgericht, des isch älles über s'Vormundschaftsgericht ganga.*
N.: *Des isch ällas geheim ganga. Vo dr NSDAP aus, vom Hitler aus.*
I.:   Aber ebber moß des doch gsait han?
N.: *Ah so, wo it so send, gell, hot ma jo so vill Leit gholad, en de Ortschafta rom.*
I.:   Ond manche send gar nemme komma.
N.: *Ha, ganz klar. Do hondse mol amma Obend, hot mir a Frau vrzehlt, do honna en Winnend, jo, also en ganza Laschtwaga vol handse gholad, dia Frau hot so gheilat, wo se hand au ihra Mädle furt ...*
B.: *... des kasch denka ...*
N.: *... no hot der gsait: »Wenn sie nicht still sind, ich habe das Recht sie auch mitzunehmen«, (Stille) so.*
I.:   So brutal.
B.: *So brutal send dia domols gsei.*
N.: *So wars.*
B.: *Dia send domols mit de Leit omganga, ma sots heit no älle vrschiaßa, dia Kerle do. (...)*
B.: *Aber, i will jo saga, ... schlemm, aber wemma dia Kendr sieht, wo do herkommad, denne isch jo guat ganga, wo so rrrraa, rrraaa, rrrraaa, ond älle Faxa ...* (Sie verzieht das Gesicht zu einer Grimasse und macht spastische Bewegungen.)
N.: *Ah, dia wo id reacht send, wo jezt no ...*
B.: *Noa, au seinerzeit hots au so Kendr ghed, ah denne isch jo guat ganga auf dia Art, wa duat ma au mit denne ...*
N.: *... abr du därfsch doch neamad umbringa ...*
B.: *... aber, desch gwieß wohr, desch ällas wohr.*

N.: *Heit handse jo ganze Heifa voll, wo se so, en danne Heim ...*
B.: *Jo, jo.*
N.: *Do hondses halt, dr Hitler hots halt s'Kame nuf lau.*
B.: *Den hetatse solla z'esch nuf lau.*
N.: *Jo, sell isch wohr.*
B.: *So gibts halt Sacha.*
I.: *D'Elsa het doch sowieso koine Kendr ghed, odr?*
N.: *Wieso?*
I.: *Se hot jo it heirata wella, odr?*
B.: *Ah wa, d'Elsa isch au a Luadr ...* (lacht und spricht nicht weiter)
N.: *Ahm, ahm.*
B.: (lacht)
N.: *Ahm, ahm.* (Nickt zustimmend mit dem Kopf)
I.: *Wieso?*
N.: *Dia het au ...*
B.: *Des isch vrbei*
N.: *Jo, aber dia isch au no jong gsei.*
B.: *Se isch au jong gsei.*
N.: *Ond do wär oft vielleicht oiner amol ...* (bricht ab, redet nicht weiter)
I.: *Wars scho so, dass se au?*
B.: *Ah jo, se hot au einiges vrzehlt.*
N.: *Des hot doch d'L. mol vrzehlt, dia hot se au mol, d'L.*
B.: *Joa.*
N.: *Do isch se betschnass komma, zura, bei Nacht, om zwoia, drui, klopfad, ond dia hotse noch frisch azoga, ond deed isch au abra beira gsei*
B.: *Jo, so Kerle geits ibrall.*
I.: *Wia, dass se se ibrfalla hond?*
N.: *Jo. Ond isch ersch schee gsei, häbse gsait.*
B.: (lacht prustend)

I.: Des moine, wenne frog, ob se koi Angschd ghed hod, nachts.
B.: ... *wellawäg koi Angscht ghed ...*
I.: Ja, aber wenn se vo so Menner iberfalla wora isch.
B.: *Ah, wa des hot dera au gfalla.* (Prustet)
I.: I woiß id, des hot doch jedr gwisst, dass d'Elsa z'nacht onterweags isch.
B.: *Ha jo, so Kerle hots iberall gea.*
N.: *Vielleicht wars a Fremder, gell, a Ausländr, odr was gsei isch.*
B.: *Des war en Belsemer, handse vrzehlt, wose drzua nakomma send.* (Das heißt doch, dass Elsa gerufen haben muss!)
I.: En Belsemer?
B.: Joo.
N.: *Jo, vo Belsa no, ha des glaube.*

Sie waren sich darüber einig, dass es schon richtig war, dass Elsa sterilisiert worden ist. Frau B. erzählte noch, dass die Elsa da doch mal einen gehabt hätte: »*Ha jo, halt au so en Depp.*«

Und heute?

Die Opfer der Zwangssterilisationen sind auch heute noch in den Dörfern bekannt und sie werden ein Leben lang das Gefühl der Minderwertigkeit und des Gezeichnetseins nicht mehr los. Im Gegensatz dazu konnten diejenigen, die Leid und Tod in Gedanken und Taten im großen Stil vorbereitet und ausgeführt haben, meist weiter ungestört ihrer Karriere nachgehen und wurden dafür noch mit Auszeichnungen bedacht.

Ich fragte im Universitätsarchiv nach, ob es Recherchen über die tatsächliche Anzahl der in der Tübinger Frauenklinik sterilisierten Frauen gibt. Die Antwort war, dass das Archiv personell zu unterbesetzt sei, um dem nachgehen zu können, dass sie aber wiederum die einzigen Berechtigten für diese Aufgabe seien, außer natürlich besonderen Berufsständen, wie Ärzte, die der ärztlichen Schweigepflicht unterlägen. Eine Einsicht wäre höchstens unter Umständen für eine wissenschaftliche Arbeit möglich, so wurde mir bei nochmaligem Nachhaken mitgeteilt, aber nur über die Beantragung einer vorgezogenen Einsicht. Eine solche Einsicht wurde aber seit dem Bestehen des Archivs (ca. 1977) nicht in diesem Sinne gewährt.[115] Die »Akte Elsa Saile« wurde im Universitätsarchiv nicht gefunden: »*Das Universitätsarchiv hat bei seiner Recherche in den Protokollbüchern der Universitätsfrauenklinik keine Hinweise auf den von Ihnen genannten Fall ermitteln können. Geprüft wurden die Aufnahmebücher der gynäkologischen Abteilung für Patientinnen III. Klasse, sowie die Ambulanzbücher.*« Danach habe ich im Kreisarchiv in Sigmaringen nachgefragt, da Sigmaringen für Hohenzollern zuständig ist. Dort wurde mir mitgeteilt, dass alle Akten außer denjenigen der Außenstelle Saulgau beim Einmarsch der Franzosen verbrannt wurden. Das Unrechtsbewusstsein war also sehr wohl vorhanden. Das Nichtauffinden der Akte bedeutet deshalb nicht, dass es ungeschehen ist. Denn Elsa bezeugt es mit ihrem Körper und dafür gibt es Zeugenaussagen.

1965 hat der Wiedergutmachungsausschuss des Deutschen Bundestags die Anerkennung der Zwangssterilisierten als NS-Verfolgte abgelehnt. Erst 1988 hat der Bundestag das Sterilisationsgesetz als Unrecht moralisch verurteilt, aber die Betroffenen bis heute nicht als Verfolgte des NS-Regimes im Sinne des Bundesentschädigungsgesetzes anerkannt. »*Den Verstümmelten bleibt eine einmalige Zahlung aus einem Härtefallfonds der Bundesregierung in Höhe von 5000 DM, laufende Leistungen werden in Ausnahmefällen zugebilligt. Um das Geld bekommen zu können, ist eine ärztliche Untersuchung Voraussetzung, ebenso die Versicherung, ›niemals der nationalsozialistischen Gewaltherrschaft Vorschub geleistet‹ zu haben. Sie müssen bestätigen: ›Ich war niemals Mitglied der NSDAP oder einer ihrer Gliederungen‹ – während diejenigen Mediziner, die sie vor 1945 zur Sterilisation vorschlugen bzw. verurteilten, trotz hoher NS-Stellungen ohne Schwierigkeiten wieder zu Rang und Würden kamen.*«[116] Dorothea Buck, selbst von der Zwangssterilisation betroffen, die noch 1995 um eine Aufhebung des Grundlagengesetzes zur Zwangssterilisation kämpfen musste, meinte: »*Die Politik setze*

auf eine ›biologische Lösung‹ des Problems. Offiziell gälten die Opfer von Zwangssterilisierungen bis heute als ›Minderwertige‹. Das zerstöre das Selbstwertgefühl.«[117] Und Pfarrer Ludwig Schlaich, der Anstaltsleiter in Stetten war und sich 1940 für seine Patienten einsetzte, kommentierte angesichts solcher Ignoranz: *»Sie sind in den politischen Kämpfen unserer Tage kein Machtfaktor, den man zu fürchten hätte oder den man für sich einsetzen könnte. Darum hält sie auch heute noch, genauso wie in den Tagen des Dritten Reiches, niemand dessen für würdig, dass man sie beachtete oder gar ihnen ihren Rechtsanspruch erfüllte.«*[118]

Bei Elsa laufen viele Fäden zusammen. Sie hatte keine Chance diesem Netz zu entkommen. Zum einen ist sie in bescheidenen Verhältnissen und in einer schwierigen Familie aufgewachsen. Zum anderen wurde sie über die Fürsorgeschwestern und über das Vormundschaftsgericht erfasst und Akten über sie angelegt. Außerdem wurde auch heute noch in fast jedem Artikel, in fast jedem Gespräch über Elsa erwähnt, dass »Kochen und Heizen nicht zu ihren Stärken gehören würden«, also ein weiterer Punkt, der, wie gezeigt, zur Diagnose »Schwachsinn« bei Frauen herangezogen wurde und der zur Legitimation der Zwangssterilisation bei Frauen ausreichte. Im Zuge der »Volkskörper«-Idee wurde die Leistungsfähigkeit der Frauen und der Männer mobilisiert. Jedes Abweichen von der (staatlich) festgelegten Norm (nicht nur im Nationalsozialismus), was als weibliches Verhalten erlaubt und an Arbeit zu erbringen ist, wird auch vom kleinen sozialen Umfeld als Bedrohung der aufgestellten Ordnung empfunden und wurde deshalb an Elsas Leib ausgetragen. Je randständiger sie lebte, desto gewalttätiger sollte sie zur Ordnung gezwungen werden. Andererseits konnten an ihr Gewaltgelüste ausgelebt werden, da sie sich außerhalb der Schutzzone der Gemeinschaft bewegte. *»Wenn man halt irgendjemand was anstellen oder dummes Zeug tun wollte, dann hat man das halt bei solchen Leuten gemacht«*, meinte ein Nachbar von Elsa.

Ausblick und Rückblick

Rückblick

Auch dort aber, wo das aufgefundene Individuelle kein Typisches, nicht repräsentativ ist, erweist sich das ›außergewöhnliche Normale‹ oft als die einzig mögliche Sonde in die ›tiefere, unsichtbare Ebene der sozialen Spielregeln‹.«[119]

Widersprüchlich, facettenreich, zwiespältig sind die Reaktionen auf Elsa. Die Leute waren von Elsa entsetzt, belustigt, irritiert, fasziniert, sie ist ihnen nicht mehr aus dem Kopf gegangen und sie hatten Angst vor ihr. Sie wurde einfältig, dumm, blöde, deppet, nicht normal und naiv genannt. Sie wurde beschenkt, umsorgt und gerne wurde mit ihr geredet. Sie wurde geschlagen, betrunken gemacht, angefahren und vergewaltigt, in der NS Zeit wurde sie zwangssterilisiert. Nachdem sie im Altenheim war, wurden ihre Dinge weggeworfen, verbrannt und ihr Haus ohne ihr Wissen verkauft. »*So isch halt, wenn d'Leit it send wia andre.*« Sie war tatsächlich nicht wie andere, sie hat vielfältige Spuren hinterlassen: Dinge, Wegspuren, Erinnerungen.

Mit der Vormundschaft begann eine öffentliche Aneignung ihrer Güter, Felder und ihrer Person. Die Felder wurden unentgeltlich von anderen bewirtschaftet. Elsa schimpfte oft darüber, dass sie bestohlen wurde, aber niemand brauchte sie mehr ernst zu nehmen, da ihr offiziell das Stimmrecht aberkannt wurde. Die Zeitungsberichte und Fasnachtsaufführungen machten sie zu einer öffentlichen Person. Schließlich wurde während des Nationalsozialismus ihr Körper zu einer öffentlichen Angelegenheit gemacht und durch Zwangssterilisation darüber verfügt.

Elsa hat Grenzen überschritten, die bei anderen Irritation und Befremden auslöste. Gerade deshalb musste ihre Fremdheit garantiert sein, um sie verrückt nennen zu können, damit sie weggerückt werden konnte vom eigenen Leib. Was in einer Gemeinschaft als verrückt wahrgenommen und wie solches sanktioniert wird, ist zeit- und ortsgebunden und sagt im Grunde weniger etwas über die als verrückt bezeichnete Person, als vielmehr über das Selbstverständnis dieser Gemeinschaft aus: über deren Ängste oder Offenheit, über deren Abgrenzungsbedürfnis oder Selbstsicherheit, sich nicht vor dem »Anderen« fürchten zu müssen. Elsa hat offensichtlich Grenzen überschritten, hinter die sie zurückgedrängt werden sollte, und das bekam sie auf vielfältige Weise, auch körperlich, zu spüren. Dass es im Besonderen eine Zurückdrängung in eine als weiblich definierte Lebensform ist, scheint an einigen Stellen auf, und das nicht nur in ihrer brutalsten Form, der Vergewaltigung.

Elsa überschritt sichtbare und unsichtbare, leicht zu benennende und schwer definierbare Grenzen: einmal die Landesgrenze und die Konfessionsgrenze, dann eine historische und geschlechtliche Grenze bedingt durch ihr Botengängertum, dessen Tätigkeit der Vergangenheit angehört und das es in dieser Form der Ausführung wahrscheinlich selten gab und ohnehin nicht von Frauen getätigt wurde. Schließlich ist sie auch Grenzgängerin einer Welt, in der »etwas nicht wertlos werden konnte« und einer, in der »etwas von Anfang an wertlos ist«.

Ich habe Elsas Art und Weise sich auszudrücken, sich zu artikulieren und mit dem, was ihr widerfahren ist, auseinanderzusetzen, mit »Zeichen geben« und »Zeichen lesen« benannt, weil ich sowohl Mündliches, Schriftliches als auch Dinghaftes zusammenfassen wollte. Den Zusammenhang, den ich im Kapitel »Elsas Ausdrucksweisen« habe anklingen lassen, zwischen ihrer Sprechweise, dem Dichten, ihren beschriebenen Zetteln, ihren Träumen und ihrer Erzählweise und schließlich ihrem Umgang mit dem Dinghaften, sowohl als Botengängerin als auch Dinge auflesend, diesen Zusammenhang möchte ich abschließend noch einmal näher beleuchten, da er mir für das Verständnis von Elsas oft betonter »Andersartigkeit« von entscheidender Bedeutung scheint.

Zum einen war es wichtig aus jener Gegend zu kommen, in der Elsa lebt, um ihren Dialekt, d. h. Elsa überhaupt verstehen zu können. Zum anderen war es ebenso notwendig eine gewisse Vorstellung von den Tä-

tigkeiten und dem Umgang der Personen miteinander zu haben. Bei Elsa jedoch ist mir immer wieder aufgefallen, dass es trotzdem nicht einfach ist, den Sinn ihrer Sätze zu verstehen, wie ich im Kapitel Elsas Ausdrucksweisen mehrfach angesprochen habe. Frau R. aus Hechingen nannte zwei Grundbedingungen, welche notwendig sind, um Elsa zu verstehen. Einmal sei es notwendig sie zu »mögen« und zum anderen müsse man etwas »Phantasie haben«, wenn man Elsa verstehen wolle. Beides ist vonnöten, da Elsa sich nicht an den üblichen Sprach-»Code«[120] hält. Sie spricht zum Beispiel über Dinge, über die »man« nicht spricht: über Tote, die erscheinen und mit ihr reden, über das, was sie im Himmel gesehen hat. Sie zieht keine Grenzen zwischen dem, was als Wirklichkeit anerkannt wird und deshalb benannt werden darf, mag diese Wirklichkeit auch in sich ebenso fraglich sein, und dem, was als unwirklich gilt.[121] Dafür gilt sie als naiv, aber im Sinne der umgangssprachlichen Bedeutung von »dumm«.[122]

Elsa artikuliert sich oft in literarischen[123], individuell geprägten und unkonventionellen Zeichen. Elsa gibt, prägt oder macht Zeichen. Die Personen ihrer Umgebung hingegen »leben« in der Welt der konventionellen sprachlichen Zeichen. Maßgebend sind für sie die fest verankerten Gesetzmäßigkeiten der traditionellen En- und Decodierung, die sich verändern können, aber der Vergewisserung durch die Gemeinschaft bedürfen. Die Welt der literarischen Zeichen existiert zwar auch für sie, ist aber abgetrennt und auf ihr Verständnis von z. B. Glaube, Religion und Dichtkunst beschränkt. Das Alltagsleben fußt auf dem alltäglichen Er-leben der sprachlichen Zeichensystematik.

Das Verständnis zwischen Elsa und ihrer Umwelt wird dadurch erschwert, dass weder Elsa noch ihrer Umwelt die Verwischung jener beiden unterschiedlichen (Zeichen-)Welten wirklich bewusst ist. Die Grenzüberschreitungen vollziehen sich hier im unbewussten und deshalb verwirrenden Raum. Elsa (en-)codiert Sprache in einer Art und Weise, die von ihrer Umwelt – nach deren Gesetzmäßigkeiten – nicht oder nur unzulänglich decodiert werden kann. Die gleichen Ausdrücke entsprechen unterschiedlichen Bedeutungsinhalten. Somit können sich beide Seiten im Recht fühlen und doch Unrecht haben.

Wäre Elsa beispielsweise eine Schamanin und so ihr Status als Produzentin von »literarischen« Zeichen klar definiert, so würde jene Begriffs-Bedeutungsverwirrung verschwinden. Oder wäre Elsa eine offizielle Botin, erkennbar durch die entsprechenden Insignien, dann würde sie sich im anerkannten Raum und somit auch im geschützten Raum bewegen. Sie wäre von einer Art der »Weltbetrachtung« in eine andere hinüber-gerückt und gälte somit nicht länger als ver-rückt.

Elsa »spricht« in Zeichen, die missverstanden werden. Sie wird auch deshalb nicht verstanden, weil es diese Art des »Sprechens«, des Ausdrückens nicht mehr gibt. Elsa kommt tatsächlich aus einem anderen Jahrhundert. Sie kommt aus einer Welt, in der das Heilige das Profane überwölbt, einer Welt, in der Zeitlichkeit noch nicht von Örtlichkeit, Leib noch nicht von Seele und Ding getrennt ist.

Die Menschen und Elsas Umgebung haben sich verändert, Elsa aber ist unbeirrt ihrer Wege gegangen.

Anhang

Bestandsaufnahme der religiösen Gegenstände von Elsa

– Ein zweiflügeliger Hausaltar aus angemaltem Gips und reliefartig herausgebildeten Figuren.
Der Altar ist an den Ecken etwas beschädigt, weshalb das Weiße des Gipses freiliegt. Er ist oben abgerundet und in diesem Halbkreis sind Gottvater und der Heilige Geist, der in Form einer Taube dargestellt ist, zu sehen. Gottvater hält in der linken Hand das Zepter, in der rechten den Reichsapfel. Der Altar wird durch eine Weihwasserschale in Muschelform abgeschlossen. Dazwischen liegen die zwei aufklappbaren Flügel des Altares. Auf dem rechten geschlossenen Flügel steht Petrus mit zwei Schlüsseln, einem goldenen und einem silbernen, um, nach dem Evangelium, zu binden und zu lösen. Über ihm, am Rande eines Kreises, ist zu lesen: »AUF DIESEN FELS BAU ICH MEINE KIRCHE du BIST PETRUS«. Auf dem linken Flügel steht Johannes der Täufer im Kamelhaarmantel. Er zeigt mit der linken Hand auf einen Stab mit Spruchband, den er in seiner rechten hält. Auf dem Band ist: »ECE AGNUS DEI« zu lesen. Wiederum oberhalb seines Kopfes ist eine Kreisform, an dessen Rand »ICH BIN DIE STIMME DES RUFENDEN IN DER WÜSTE« eingeritzt ist. Innerhalb des Kreises liegt das Lamm. Zwischen Gottvater, den aufklappbaren Flügeln und der Weihwasserschale steht: »HEILIGSTES HERZ JESU«, was unterhalb mit »BESCHÜTZE UNS« abgeschlossen wird.
Ist der Altar aufgeklappt, nimmt Jesus mit Strahlenkranz und Krone, die Arme ausgebreitet, die gesamte Innenfläche als symmetrisch aufgebauter Mittelpunkt ein. In seinen Händen sind die Wunden sichtbar und auf seiner Brust ist ein blutendes Herz. Im Hintergrund ist das

Kreuz angedeutet. Unter seinem rechten Arm steht ein Engel, an den Flügeln erkennbar, der Dornenkrone und Schweißtuch trägt. Symmetrisch dazu der linke Engel mit den Gesetzestafeln, als Sinnbild des alten Bundes. Waren alle bisherigen Figuren frontal abgebildet, die Augen der BetrachterIn zugewandt, sind die Engel im Halbprofil gehalten. Ihre Körperhaltung nimmt die klassische Standbein-Spielbein-Stellung ein. Die Innenseiten des rechten und des linken Flügels sind ebenso symmetrisch aufeinander abgestimmt. Rechts steht, demutsvoll gebückt, die rechte Hand erhoben und die linke auf ein kniend betendes Mädchen gelegt, eine Frau. Beide sind mit Bluse und langem Rock gekleidet. Sie wenden sich, im Profil zu sehen, Jesu zu. Links, analog dazu, ein Mann mit Anzug, ebenfalls demutsvoll gebeugt, den Hut in der rechten Hand, seine linke ruht auf einem Kind. Der symmetrischen Zuordnung nach wahrscheinlich ein Knabe. Er hat ein Jäckchen, kurze Hosen und Stiefelchen an und wendet sich die Hände gefaltet der BetrachterIn zu. Der Mann hingegen ist ebenfalls im Profil. Über den, vermutlich als Familie gedachten Menschen, schwebt jeweils ein Engel. Ihre Köpfe neigen sich versonnen Jesu zu. Sie zeigen Schriftbänder »DIE WIR ZU DIR«, was auf dem rechten fortgesetzt wird »UNSERE ZUFLUCHT SUCHEN«.

An den Längsseiten des Altares wurde eingeritzt: »*G. K. Schultheiss und Sohn, Weissenhorn. Nachahmungen werden gerichtlich verfolgt.*«

– Vier gleichgroße sehr bunte Bilder, die in Inhalt und Ausdruck ähnlich dem Hausaltar sind.

Es sind zwei Schutzengelbilder, auf denen jeweils ein Engel mit mächtigen Flügelschwingen, langem lockigem Haar und wallendem Gewand die Hände schützend über ein kleines Mädchen und einen kleinen Jungen hebt, die an einem Abgrunde stehen. Einmal ist es ein Felsabgrund, das andere Mal ein tosender Wildbach. Die anderen beiden Bilder sind ein »Herz Maria« und ein »Herz Jesu« Bild. Maria hat ein flammendes Herz mit Blumenkranz und Jesus ein blutendes mit Dor-

ANHANG

nenkranz auf der Brust. Die Rahmung ist golden mit schwarzen feinen Streifen.

– Zwei Porzellan-Putten.
Identisch gegossene Kaufhausware, mit Goldfarbe bemalt. Die Hände sind auf der Brust aufeinander gelegt. Jeweils im linken Arm halten sie ein goldenes Kreuz. Mit wallendem Gewand sitzen sie auf einem runden Podest und haben die angewinkelten Beine leicht nach links gelegt. (ca.10 cm hoch)

– Eine Marienfigur mit Kind aus Porzellan.
Eine auf einem rechteckigen Sockel stehende Marienfigur, die in der Rechten das Zepter und in der Linken das Jesuskind trägt. Ihre Kopfbedeckung besteht aus einem fein gefältelten Tuch und einer hohen runden Krone. Ansonsten trägt sie einen Faltenmantel bis zu den Füßen. Sie ist kleiner und sehr viel zarter als die Engel, aber undeutlicher herausgearbeitet oder abgenutzt.

– Eine Marienfigur mit Kind aus angemaltem Gips.
Maria trägt ein glattes, weit über die Schulter fallendes Tuch auf dem Kopf, das von einer gezackten niedrigen Krone gehalten wird. Ihr Gewand ist weit und reich gefaltet bis zu den Füßen, deren Zehen gerade noch zu sehen sind. Sie steht auf angedeuteten Wolken und diese auf einem runden abgesetzten Podest. In der Rechten trägt sie ein mit einem Hemd bekleidetes Jesuskind, das sie, in Höhe seiner Brust, mit ihrer linken leicht stützt. Es sitzt auf einem wiederum reichlich gefalteten Tuche, das Maria in der Armbeuge trägt. Das Jesuskind schaut die BetrachterIn frontal an, während Maria die Lider und den Kopf leicht gesenkt hat. Als Halsschmuck trägt sie ein flammendes Herz. Die Figuren zeigen starke Abnutzungen. Der linke Arm des Jesuskindes fehlt. Die Nase und das Kinn Marias sind beschädigt. Im unteren Teil ist die Figur geklebt worden und an der

hinteren rechten Seite klafft ein Loch in den Hohlkörper. (Höhe ca. 30–40 cm)

– Ein Rosenkranz mit schwarzen Perlen und schwarzem Kreuz mit Jesuskörper, sowie angebrachter Medaille, wie sie an Wallfahrtsorten erhältlich sind.

– Eine Osterkerze, angebrannt, mit Jahreszahl 1988. Die Zahlen stehen in den Winkeln der Kreuzform. Der senkrechte Kreuzbalken wird mit dem A und O abgeschlossen.

– Holzkreuz, mit schlichten viereckigen Latten und metallenem Jesuskörper, darüber die INRI-Tafel. (ca. 40–50 cm hoch)

– Holzkreuz gleicher Ausführung, jedoch nur ca. 15 cm hoch.

– Holzkreuz mit runden Hölzern, dessen Enden mit Metall eingefasst sind.
Ein angedeuteter Totenschädel mit gekreuzten Knochen befindet sich unterhalb des Jesuskörpers. Vermutlich ist es ein Sterbekreuz, das den Toten auf die Brust gelegt wird. Diese Sterbekreuze wurden als »memento mori« am Hochzeitstage auf die Kissen des Brautbettes gelegt. (ca. 10 cm hoch)

– Stehendes Metallkreuz mit Einlegearbeiten aus dunklem Holz. Runder abgestufter Sockel, dem sich eine hexagonale Säule anschließt. In dessen Seiten wurde Holz eingelassen, in der Form eines dreiteiligen Rundbogenfensters. Darüber wiederholt sich der runde Sockel verkleinert. Auf ihm sitzt das eigentliche Kreuz. Das Kreuz ist im oberen Teil nach einer quadratischen Grundform angelegt, dessen horizontal und vertikal überkreuzenden Balken am Ende sich wieder zu einer quadratischen Kreuzform verdicken. Sechs gleiche Kreuzformen sind mit

ANHANG

Holz in das Metall eingelassen. Wahrscheinlich ist es ein Kreuz aus einer »Versehgarnitur«, die aus diesem Kreuz, zwei Kerzenhaltern, einem Schüsselchen geweihtem Salz, einem Weihwasserbehälter und dem heiligem Öl bestand.

– »Jesus in der Dornenkrone« und Maria mit umgeschlungenem Tuche sind plastisch aus Metall auf sechseckigen schwarzen Holztafeln angebracht.

– Eine Zeitung mit Namen: »*Gute Botschaft*«
Darunter steht »*Christliches Blatt für jedermann*« und kleiner, weiter unten: »*Nummer 16, Eine Botschaft an dich, 39. Jahrgang*«. Es folgt ein Artikel: »*Die Mission der Trübsal*« mit einem beigegebenen Psalm: »*Der Herr züchtigt mich wohl, aber er gibt mich dem Tode nicht.*« Der vierseitige Artikel handelt vom Sinn des Krankseins mit einem fast ganzseitigen Bild »Jesus als Arzt«.

– Eine Zeitung mit Namen »*Der Heidenfreund*«.
Rechts und links steht klein: »27. Jahrgang. No. 7. Juli 1926«. Darunter eine Federzeichnung betitelt mit »Chinesisches Stadttor.« Es berichtet Frau Missionsschwester Bart vom Leben in der Stadt Hinnen und seiner Umgebung, in der das Missionshaus liegt. Der Missionar Ittman aus Hersfeld beschreibt in dem Artikel »Wie mich die Heimat in der Ferne grüßte« von einer Odenwälder Bahnglocke, die in Kamerun zur Kirchenglocke wurde, wiederum mit Bild versehen. Schließlich weiß der Missionar Weiler aus Borneo von einem Dju-Vogel zu berichten, der so ordnungsliebend sei, dass er im Umkreis eines Meters den Boden säubere, was ihm zum Verhängnis werden könne, da man ihn leicht mit einem scharfen, in den Boden gesteckten Bambusscheit erlegen könne, da er sich beim Versuch es herauszuziehen den Hals aufschneide.

Rückseiten der beschriebenen Zettel

– Kaugummipapier (Küfers Emma)
Maße ca. 6,7 x 5,2 cm.
Aufschrift:
Bitte kein Papier wegwerfen
Schützt Stadt und Natur (in großen dicken Lettern)
Nach Kaugenuss in Alufolie einwickeln
Rechts daneben zwei aufgezeichnete Wolken, die eine lachende Sonne in ihrer Mitte haben.
In sehr kleinen Lettern, genau oberhalb des Knickes zur Vorderseite der Verpackung, steht: MADE IN FRANCE BY S. A., BIESHEIM
WRIGLEY'S
Freident (nimmt fast die ganze Vorderseite ein)
SPEARMINT FLAVORED CHEWING GUM
KAUMASSE MIT FREMDEN STOFFEN MIT ANTIOXYDATIONSMITTEL
EIN STREIFEN (steht klein in der rechten oberen Ecke der Vorderseite)
Die Schriftart, Größe, Dicke wechselt fast mit jeder Zeile.

– Kaugummipapier (Bahnschaufel)
Maße: ca. 6,7 x 5,2 cm.
Aufschrift:
Keep your country tidy.
Haltet die Umwelt sauber.
Hall naturen ren.
Gardez votre ville propre.
Die gleiche lachende Sonne mit den zwei Wolken ist rechts davon aufgezeichnet.
Mitte:
WRIGLEY'S
SPEARMINT (steht in einem schwarzen Pfeil)

ANHANG

CHEWING GUM
Links davon eine stilisierte Pflanze mit drei Zweigen und Blättern.

– Kaugummipapier (Fürsorgeschwester)
Maße: ca. 6,7 x 5,2 cm.
Links ist eine stilisierte Blume, an die sich zwei Wolken anschließen, in der einen steht »Protect nature« und in der anderen »Seid nett zur Natur«.
Jeweils unter der Wolke ist bei der Ersten zu lesen: »Please save the wrapper to put gum after use«. Bei der Zweiten: »Bitte das Papier nicht achtlos wegwerfen. Den Kaugummi später in das Silberpapier einwickeln«.
GUM BASE, SUGAR, GLUCOSE, SPEARMINT FLAVOR.
quer am Rand: MAPLE LEAF B. V.
Amsterdam/Holland
Made in Holland
Mitte:
MAPLE LEAF
SPEARMINT
CHEWING GUM
links davon ML in großen Buchstaben
kleiner darunter noch einmal »MAPLE LEAF«

– Kaugummipapier (Eichenkreuz)
Maße: ca. 6,7 x 5,2 cm.
Aufschrift:
Keep your country tidy.
Haltet die Umwelt sauber.
Hall naturen ren.
Gardez votre ville propre.
Mantenga limpia su ciudad.
Wieder die lachende Sonne mit ihren zwei Wolken, rechts davon.

ANHANG

Mitte:
WRIGLEY'S
JUICY FRUIT (dicke schwarze Lettern)
CHEWING GUM
Die Schrift wird von zwei nach außen zeigenden Pfeilen eingefasst.

– Kaugummipapier (Milch)
Maße: ca. 6,7 x 5,2 cm.
Aufschrift:
Bitte kein Papier wegwerfen
Schützt Stadt und Natur (große, schwarze Lettern)
Nach Kaugenuss in Alufolie einwickeln
Wieder am Knick zur Mitte steht:
MADE IN FRANCE BY WRIGLEYS A., BIESHEIM
WRIGLEY'S
SPEARMINT (im schwarzen Pfeil)
CHEWING GUM
KAUGUMMI. KAUMASSE MIT ZUSATZSTOFFEN (sehr klein)
links davon wieder stilisierte Pflanze mit drei Zweigen und Blättern

– Fertigsuppenpapier (Blasiussegen)
Maße: ca. 10 x 8 cm.
Aufschrift:
MAGGI (große versetzte Lettern)
Buchstaben
KOCHZEIT 5 MINUTEN
Inhalt in 1/2 Liter + 2 Esslöffel kochendes
Wasser einrühren. Bis zum Aufkochen
öfter umrühren. 5 Minuten schwach
kochen lassen. Topf nicht zudecken.
(kleiner)
Nach Belieben mit feingehackter Petersilie oder

mit etwas Butter anrichten.
auf der linken Seite, quer:
MAGGI
SUPPEN
klein an der Seite:
HERKUNFTSBEZEICHNUNG MAGGI
UND AUSSTATTUNG GES. GESCHÜTZT
auf der rechten Seite, quer:
MAGGI GESELLSCHAFT MBH
SINGEN (HOHENTWIEL)

– Zeitungsfetzen (Rente)
Maße: ca. 10 x 4 cm.
Die linke und obere Seite ist der gerade Rand des Zeitungseckes, die anderen zwei Seiten sind ausgerissen, die rechte läuft von rechts oben schräg nach links unten.
Aufschrift:
auf der Seite, die Elsa beschrieben hat, ist auf der rechten Seite mittig auf dem Kopf stehend zu lesen: »... EDES BENZ«, darunter »... Stern auf allen Straßen«. An der unteren Seite ist ein Stück nach oben geklappt auf dem steht: »Ost-West-Str. 69«. Zwei bedruckte Zeilen ziehen sich auf dem Kopf stehend unter ihm durch.
Auf der Rückseite kann man ankreuzen, ob man »AUTOFLUGSITZGURTE UNIVERSAL zum Preis von DM 43,– pro Gurt« bestellen will.

- Zeitungsfetzen (Bier)
Maße: ca. 8 x 4 cm.
Der obere und rechte Rand ist wieder ein Zeitungseck, der linke ist relativ ebenmäßig und parallel zum rechten abgerissen, der untere läuft von rechts nach links in einer Rundung nach unten.
Elsa hat quer zu den gedruckten Zeilen an den Zeitungsrand geschrieben.

ANHANG

Es sind zwei bedruckte Spalten zu sehen. In der rechten ist Folgendes zu lesen: »...Werft Danzig fügte ... hinzu: »Wenn sie jedoch etwas sagen, so werden sie lächerlich gemacht. Wie kann ein Arbeiter gegen einen Berufspolemiker antreten«. Diese Einseitigkeit sei die Ursache für »unangenehme Reaktionen«.
Rückseite:
Es sind ebenfalls zwei bedruckte Spalten. Es ist zusammenhängend zu lesen:
»... von einem einzigen männlichen Wesen gefahren.
Julia trat mitten auf die Straße und winkte; der Citroen bremste ab, und Julia sah, dass der Fahrer sehr jung war – jünger noch als Bryan. Seine Haare, seine Ge-«

BILDNACHWEIS

S. 3: Foto Willi Metzger, Talheim.
S. 5: Foto Ernst Bauer, Steinlach-Bote, Mössingen, 90er Jahre.
S. 11: Foto Fritz Stotz, Mössingen, ca. 1971.
S. 27: Foto Karl Sulz, Mössingen, ca. 1967.
S. 37: Foto Werner Herrmann, Talheim, 1962.
S. 42: Foto Ingrid Letsch, Mössingen, ca. 1968.
S. 52: Foto Frau Fluhme, Tübingen, 70er Jahre.
S. 55 und S. 58: Fotos Karl Sulz, Mössingen, ca. 1986.
S. 62: Foto Adolf Schäfer, Belsen.
S. 67: Foto Ilse Jauch, Mössingen, 1978.
S. 69: Silberburg-Verlag, Tübingen.
S. 75: Foto Ernst Wagner, Mössingen, ca. 1970.
S. 83: Foto Rudi Sautter, Mössingen, 60er Jahre.
S. 87: Foto Adolf Schäfer, Belsen.
S. 90: Foto Karl Vogt, Mössingen, ca. 1980.
S. 92: Fotos Walter Schlegel, Mössingen, 1928 und 1938.
S. 107: Foto Adolf Schäfer, Belsen, 60er Jahre.
S. 142: Foto Willi Metzger, Talheim.
Alle anderen Fotos stammen von der Autorin.

Literaturverzeichnis

Arendt, Hannah: Vita activa oder Vom tätigen Leben. München 1981.
Assion, Peter: Ländliche Kulturformen im deutschen Südwesten. Festschrift für Heiner Heimberger. Stuttgart 1971.
Assmann, Aleida: Die Legitimität der Fiktion. Ein Beitrag zur Geschichte der literarischen Kommunikation. München 1980.
Assmann, Aleida: Zum Problem der Identität aus kulturwissenschaftlicher Sicht. In: Die Wiederkehr des Regionalen: Über neue Formen kultureller Identität. (Hg.) Rolf Lindner. Frankfurt/M., New York 1994, S. 13–35.
Assmann, Aleida; Harth, Dietrich (Hg.): Mnemosyne. Formen und Funktionen der kulturellen Erinnerung. Frankfurt/Main 1991.
Bardmann, Theodor M.: Wenn aus Arbeit Abfall wird. Überlegungen zur Umorientierung der industriesoziologischen Sichtweise. In: Zeitschrift für Soziologie 19/1990, S. 179–194.
Barthes, Roland: Mythen des Alltags. Frankfurt/Main 1964.
Baudrillard, Jean: Das System der Dinge. Über unser Verhältnis zu den alltäglichen Gegenständen. Frankfurt/M., New York 1991 (Paris 1968).
Bausinger, Hermann: Strukturen des alltäglichen Erzählens, Fabula 1, 1958.
Bausinger, Hermann: Volkskultur in der technischen Welt. 2. Auflage. Frankfurt/M. 1986.
Beck, Stefan: Die Bedeutung der Materialität der Alltagsdinge. Anmerkungen zu den Chancen einer wissenschaftstheoretisch informierten Integration von Symbol- und Sachforschung. In: Symbole. Zur Bedeutung der Zeichen in der Kultur. 30. Deutscher Volkskundekongress in Karlsruhe vom 25. bis 29. September 1995. Rolf Wilhelm Brednich, Heinz Schmitt (Hg.). Münster, New York, München, Berlin 1997.
Beitl, Klaus; Chiva, Isac (Hg.): Wörter und Sachen. Wien 1992. (= Mitteilungen des Instituts für Gegenwartsvolkskunde).
Berger, Peter; Luckmann, Thomas: Die gesellschaftliche Konstruktion der Wirklichkeit. Eine Theorie der Wissenssoziologie. Frankfurt/M. 1980.
Berner, Hermann: Grenzüberschreitungen. Katalog zur Ausstellung des Heimatmuseums Mössingen vom 10.3.–13.10.1996 im Alten Rathaus Mössingen. Mössingen 1996.

Beschreibung des Oberamts Riedlingen. Herausgegeben vom Württ. Statistischen Landesamt. Zweite Bearbeitung. Stuttgart 1923.

Beschreibung des Oberamts Rottenburg. Herausgegeben von dem K. Statistischen Landesamt. Erster Teil. Stuttgart 1899.

Beschreibung des Oberamts Rottenburg. Herausgegeben von dem K. Statistischen Landesamt. Zweiter Teil. Stuttgart 1900.

Beurener Geschichte(n). Auszüge aus den Orts- und Schulchroniken von Beuren bei Hechingen 1867–1945. Bearbeitet von Thomas Jauch. Hechingen 1996.

Bidlingmaier, Maria: Die Bäuerin in zwei Gemeinden Württembergs. Diss. Tübingen 1917. 2. Auflage mit einem Nachwort von Christel Köhle-Hezinger. Kirchheim/Teck 1990.

Biographie – sozialgeschichtlich. (Hg.) Gestrich, Andreas; Knoch, Peter; Merkel, Helga. Göttingen 1988.

Bios. Zeitschrift für Biographienforschung und oral history.

Blümcke, Martin (Hg.): Abschied von der Dorfidylle? Ein Lesebuch vom Leben und Arbeiten im deutschen Südwesten in den letzten 200 Jahren. Stuttgart 1982.

Bock, Gisela: Gleichheit und Differenz in der nationalsozialistischen Rassenpolitik. In: Geschichte und Gesellschaft 19/1993, S. 277–310.

Bock, Gisela: Zwangssterilisation im Nationalsozialismus. Studien zur Rassenpolitik und Frauenpolitik. Opladen 1986.

Bock, Gisela: Nationalsozialistische Geschlechterpolitik und die Geschichte der Frauen. In: Geschichte der Frauen (20. Jahrhundert). (Hg.) Francoise Thebaud. Band 5. Frankfurt/Main 1995, S. 173–204.

Borscheid, Peter: Alltagsgeschichte – Modetorheit oder neues Tor zur Vergangenheit? In: Sozialgeschichte in Deutschland. Band 3. Göttingen 1987, S. 78–100.

Bourke, John Gregory: Der Unrat in Sitte, Brauch, Glauben und Gewohnheitsrecht der Völker. Frankfurt/M. 1996 (1913).

Brednich, Rolf W.; Bönisch-Brednich, Brigitte; Gerndt, Helge: Erinnern und Vergessen. Göttingen 1989.

Brednich, Rolf W.; Schmitt, Heinz (Hg.): Symbole. Zur Bedeutung der Zeichen in der Kultur. Volkskundekongress Karlsruhe 1995.

Brown, Peter: Die Gesellschaft und das Übernatürliche. Berlin 1993 (1982).

Buddemeier, Heinz: Das Foto. Geschichte und Theorie der Fotografie als Grundlage eines neuen Urteils. Hamburg 1981.

Czarnowski, Gabriele: Frauen als Mütter der »Rasse«. Abtreibungsverfolgung und Zwangseingriff im Nationalsozialismus. In: Unter anderen Umständen. Zur Ge-

LITERATURVERZEICHNIS

schichte der Abtreibung. (Hg.) Gisela Staupe und Lisa Vieth im Auftrag des Hygiene-Museums Dresden. 2. Aufl. Dortmund 1996, S. 58–72.

Czarnowski, Gabriele: Das kontrollierte Paar. Ehe- und Sexualpolitik im Nationalsozialismus. Weinheim 1991.

Der Kreis Hechingen. (Hg.) Konrad Theiß, Hermann Baumhauer. Stuttgart 1962.

Die 100 Jahre der Marie Frech. Ein Fellbacher Frauenleben zwischen Pietismus und Eigensinn. Fellbach 1996 (= Fellbacher Hefte, Band 4).

13 Dinge. Form Funktion Bedeutung. Katalog zur gleichnamigen Ausstellung im Museum für Volkskultur in Württemberg. Waldenbuch, Schloss, vom 3. Oktober 1992 bis 28. Februar 1993. Stuttgart 1992.

Duden, Barbara: Der Frauenleib als öffentlicher Ort. Vom Missbrauch des Begriffs Leben. Hamburg 1991.

Duden, Barbara: Der Genuss und das Objekt der Volkskunde. Im Lichte der neueren Körper- und Technik-Geschichte. Vortrag auf dem Volkskunde-Kongress, Marburg, September 1997.

Duden, Barbara: Geschichte unter der Haut. Ein Eisenacher Arzt und seine Patientinnen um 1730. Stuttgart 1991 (1987).

Duden, Barbara: In Tuchfühlung bleiben. Die Soziologin und das Tätigkeitswort. Antrittsvorlesung vom 29. Januar 1997. In: position. Oktober/November 1997. Nr. 3, S. 25–32.

Duden, Barbara; Illich, Ivan: Die skopische Vergangenheit Europas und die Ethik der Opsis. In: Historische Anthropologie. Kultur. Gesellschaft. Alltag. (Hg.) Alf Lüdtke, Ludolf Kuchenbuch. Sonderdruck, 3. Jahrgang 1995. Heft 2. Köln, Weimar, Wien 1995, S. 203–221.

Dülmen, Richard von: Kultur der einfachen Leute. München 1983.

Dülmen, Richard von: Religion und Gesellschaft. Beiträge zu einer Religionsgeschichte der Neuzeit. Frankfurt/M. 1989.

Eliade, Mircea: Das Heilige und das Profane. Vom Wesen des Religiösen. Frankfurt/M. 1987 (Hamburg 1957).

Elias, Norbert: Über den Prozess der Zivilisation. Soziogenetische und psychogenetische Untersuchungen. 2 Bd. Frankfurt/M. 1976.

Fél, Edith; Hofer, Tamás: Geräte der Atányer Bauern. Kopenhagen 1974.

Flickwerk. Reparieren und Umnutzen in der Alltagskultur. Begleitheft zur Ausstellung im Württembergischen Landesmuseum Stuttgart vom 15.10.–15.12.1983. Stuttgart 1983.

Foucault, Michel: Die Ordnung der Dinge. Eine Archäologie der Humanwissenschaften. Frankfurt/M. 1974.

LITERATURVERZEICHNIS

Foucault, Michel: Wahnsinn und Gesellschaft. Eine Geschichte des Wahns im Zeitalter der Vernunft. Frankfurt/M. 1993 (1973).
Geertz, Clifford: Dichte Beschreibung: Beiträge zum Verstehen kultureller Systeme. Frankfurt/M. 1995 (1987).
Giedion, Siegfried: Die Herrschaft der Mechanisierung. Ein Beitrag zur anonymen Geschichte. Mit einem Nachwort von Stanislaus von Moos. Frankfurt/M. 1982. (Original: Mechanization Takes Command. Oxford 1948).
Giesen, Bernhard: Die Entdinglichung des Sozialen. Eine evolutionstheoretische Perspektive auf die Postmoderne. Frankfurt/M. 1991.
Gossmann, Ulla: Der Müll, die Umwelt und die Frauen. In: Psychologie Heute. März 1998, S. 45–49.
Hahn, Barbara: Frauen in den Kulturwissenschaften. Von Lou Andreas-Salomé bis Hannah Arendt. München 1994.
Hauser, Andrea: Dinge des Alltags. Studien zur historischen Sachkultur eines schwäbischen Dorfes. Tübingen 1994.
Heller, Andreas: Religion und Alltag. Wien, Köln, Böhlau 1990.
Hochstraßer, Olivia: Ein Haus und seine Menschen 1549–1989. Ein Versuch zum Verhältnis von Mikroforschung und Sozialgeschichte. Tübingen 1993 (= Untersuchung des Ludwig-Uhland-Institutes der Universität Tübingen, Bd. 80).
Hofer, Tamás: Gegenstände in dörflichem und städtischem Milieu. Zu einigen Grundfragen der mikroanalytischen Sachforschung. In: Gemeinde im Wandel. (Hg.) Günter Wiegelmann. Münster 1979, S. 113–135.
Hohenzollern. (Hg.) Fritz Kallenberg. Landeszentrale für politische Bildung Baden-Württemberg. Stuttgart 1996.
Jeggle, Utz (Hg.): Feldforschung. Qualitative Methoden in der Kulturanalyse. Tübingen 1984 (= Untersuchung des Ludwig-Uhland-Institutes der Universität Tübingen, Bd. 62).
Jeggle, Utz: Kiebingen – eine Heimatgeschichte. Zum Prozess der Zivilisation in einem schwäbischen Dorf. Tübingen 1977.
Jeggle, Utz: Lebensgeschichte und Herkunft. In: Lebensgeschichte und Identität. Beiträge zu einer biographischen Anthropologie. (Hg.) Friedemann Maurer. Frankfurt/M. 1981.
Jeggle, Utz; Korff, Gottfried; Scharfe, Martin; Warneken, Bernd-Jürgen (Hg.): Volkskultur in der Moderne. Probleme und Perspektiven empirischer Kulturforschung. Reinbek bei Hamburg 1986.
Jeggle, Utz: Vom Umgang mit Sachen. In: Umgang mit Sachen. Zur Kulturgeschichte des Dinggebrauchs. Volkskundekongress Regensburg 1981.

LITERATURVERZEICHNIS

Kaschnitz, Marie Luise: Von den Dingen. In: Welche Dinge braucht der Mensch. (Hg.) Dagmar Steffen. Gießen 1995, S. 34–37.

Kaschuba, Gerrit; Maurer, Susanne: Der diskrete Charme der Biographie. Frauenleben und Geschlechtergeschichte. In: Erlebte Dinge, erinnerte Geschichte. Soziale Geschichtsprojekte, Oral History und Alltagsgeschichte in der Diskussion. (Hg.) Wolfgang Sannwald. Gomaringer Verlag 1995, S. 40–48.

Kaschuba, Wolfgang; Lipp, Carola: Dörfliches Überleben. Zur Geschichte materieller und sozialer Reproduktion ländlicher Gesellschaft im 19. und frühen 20. Jahrhundert. Tübingen 1982. (= Untersuchung des Ludwig-Uhland-Institutes der Universität Tübingen, Bd. 56).

Knorr, Birgit; Wehling, Rosemarie: Frauen im deutschen Südwesten. Stuttgart, Berlin, Köln 1993.

Köhle-Hezinger, Christel: Die Ordnung der Dinge und des Lebens. Anmerkungen zu Dorfalltag und Dorfordnung. In: Lebensräume. Vielfalt der Natur durch Agrikultur. (Hg.) Christian Ganzert. Kornwestheim 1992, S. 19–28.

Köhle-Hezinger, Christel: Philipp Matthäus Hahn und die Frauen. In: Philipp Matthäus Hahn 1739–1790. Pfarrer, Astronom, Ingenieur, Unternehmer. Ausstellung des Württembergischen Landesmuseums Stuttgart. Stuttgart 1989. Band 2, S. 113–135.

Köhle-Hezinger, Christel: Der schwäbische Leib. In: Der neuen Welt ein neuer Rock. Studien zu Kleidung, Körper und Mode an Beispielen aus Württemberg. (Hg.) Christel Köhle-Hezinger, Gabriele Mentges u. a. Stuttgart 1993. Forschung und Berichte zur Volkskunde in Baden-Württemberg, Band 9, S. 59–80.

Korff, Gottfried: Einleitung – Notizen zur Dingbedeutsamkeit. In: 13 Dinge. Form Funktion Bedeutung. Katalog zur gleichnamigen Ausstellung im Museum für Volkskultur in Württemberg. Waldenbuch, Schloss, vom 3. Oktober 1992 bis 28. Februar 1993. Stuttgart 1992, S. 8–17.

Korff, Gottfried: Notizen zur Materialität der Erinnerung. In: Kleiner Grenzverkehr. Deutsch-französische Kulturanalyse. (Hg.) Utz Jeggle, Freddy Raphael. Paris 1997, S. 173–188.

Korff, Gottfried: Umgang mit Dingen. In: Lebens-Formen 1/91. Berlin 1991, S. 35–51.

Köstlin, Konrad: Exotismus des Nahen. Das Abenteuer der Nähe. In: Kleiner Grenzverkehr. Deutsch-französische Kulturanalyse. (Hg.) Utz Jeggle, Freddy Raphael. Paris 1997, S. 35–48.

Köstlin, Konrad; Bausinger, Hermann: Umgang mit Sachen. Zur Kulturgeschichte des Dinggebrauchs. Regensburg 1983.

LITERATURVERZEICHNIS

Kramer, Karl-Sigismund: Zum Verhältnis zwischen Mensch und Ding. Schweizer Archiv für Volkskunde 58, 1962.

Kriss-Rettenbeck, Lenz: Bilder und Zeichen religiösen Volksglaubens. München 1963.

Kriss-Rettenbeck, Ruth u. Lenz: Reliquie und ornamenta ecclesiae im Symbolkosmos der Kirche. In: Ornamenta Ecclesiae. Kunst und Künstler der Romanik. Sonderdruck aus dem Katalog zur Ausstellung des Schnütgen-Museums in der Josef-Haubrich-Kunsthalle. Köln 1985, S. 19–24.

Kuchenbuch, Ludolf: Abfall, eine stichwortgeschichtliche Erkundung. In: Kultur und Alltag. Soziale Welt. Sonderband 6. (Hg.) Hans-Georg Soeffner. Göttingen 1988, S. 155–170.

Kuchenbuch, Ludolf: Abfallpräsentation im Freilichtmuseum? Historisierende Vorbemerkungen. In: Freilichtmuseum und Sozialgeschichte. Referate des Symposions am Fränkischen Freilandmuseum vom 7. bis 8. November 1985. (Hg.) Konrad Bedal, Hermann Heidrich. Bad Windisheim 1986, S. 122–137.

Lachauer, Ulla: Paradiesstraße. Lebenserinnerungen der ostpreußischen Bäuerin Lena Grigoleit. Hamburg 1996.

Lauffer, Otto: Der laufende Bote im Nachrichtenwesen der früheren Jahrhunderte. Sein Amt, seine Ausstattung und seine Dienstleistungen. In: Beiträge zur deutschen Volks- und Altertumskunde. (Hg.) Walter Hävernick. Hamburg 1954, S. 19–60.

Lebenslauf und Lebenszusammenhang. Autobiographische Materialien in der volkskundlichen Forschung. (Hg.) R. W. Brednich u. a. Freiburg 1982.

Levallois, Anne: Biographie, Psychohistorie und Psychoanalyse. Der Stand der Forschung in Frankreich. In: Biographie als Geschichte. (Hg.) Hedwig Röckelein. Tübingen 1993, S. 39–62.

Linde, Hans: Sachdominanz in Sozialstrukturen. Tübingen 1972.

Lohss, Max: Beiträge aus dem landwirtschaftlichen Wortschatz Württembergs nebst sachlichen Erläuterungen. Heidelberg 1913 (WuS 5 (1913), Beiheft 2).

Mohrmann, Ruth-E.: Archivalische Quellen zur Sachkultur. In: Geschichte der Alltagskultur. (Hg.) Günter Wiegelmann. Münster 1980, S. 69–86.

Mohrmann, Ruth-E. (Hg.): Individuum und Frömmigkeit. Volkskundliche Studien zum 19. und 20. Jahrhundert. Münster, New York, Berlin 1997.

Morlock, Ulrich: Nationalsozialistische Medizin – Das Beispiel der Zwangssterilisationen in Tübingen. In: Benigna Schönhagen: Nationalsozialismus in Tübingen. Vorbei und Vergessen. Katalog zur Ausstellung. Tübingen 1992, S. 93–102.

Müller, Frieder: Wilhelms Wende. Eine Erzählung aus dem Unterland. Erdmannhausen 1996.

LITERATURVERZEICHNIS

Nationalsozialismus im Landkreis Tübingen. Eine Heimatkunde. Ein Projekt des Ludwig-Uhland-Instituts für empirische Kulturwissenschaft der Universität Tübingen unter Leitung von Utz Jeggle. Tübingen 1988.

Niethammer, Lutz: Lebenserfahrung und kollektives Gedächtnis. Die Praxis der »oral history«. Frankfurt/M. 1980.

Pörksen, Uwe: Plastikwörter: Die Sprache einer internationalen Diktatur. Stuttgart 1988.

Reulecke, Anne-Kathrin: »Die Nase der Lady Hester«. Überlegungen zum Verhältnis von Biographie und Geschlechterdifferenz. In: Biographie als Geschichte. (Hg.) Hedwig Röckelein. Tübingen 1993, S. 117–142.

Richter, Gabriel: »Euthanasie« im Dritten Reich am Beispiel Hohenzollern. In: Verblendung, Mord und Widerstand. Aspekte nationalsozialistischer Unrechtsherrschaft im Gebiet des heutigen Zollernalbkreises von 1933–1945. (Hg.) Zollernalbkreis Jugendring e. V. und Zollernalbkreis. Hechingen 1995, S. 39–53.

Riehl, W. Heinrich: Die Naturgeschichte des Volkes als Grundlage einer deutschen Sozialpolitik. Vierter Band: Wanderbuch als zweiter Teil zu »Land und Leute«. (5. Auflage). Stuttgart, Berlin 1925.

Röckelein, Hedwig: Der Beitrag der psychohistorischen Methode zur »neuen historischen Biographie«. In: Biographie als Geschichte. (Hg.) dies. Tübingen 1993, S. 17–38.

Sauer, Paul: Verbrechen am »lebensunwerten Leben«; Bevölkerungspolitik. In: Württemberg in der Zeit des Nationalsozialismus. Ulm 1975, S. 405–411.

Scharfe, Martin: Müllkippen. Vom Wegwerfen, Vergessen, Verstecken, Verdrängen; und vom Denkmal. In: Kuckuck. Notizen zu Alltagskultur und Volkskunde 3/1988. H. 1, S. 15–20.

Scharfe, Martin: Die Religion des Volkes. Kleine Kultur- und Sozialgeschichte des Pietismus. Gütersloh 1980.

Schmidt, Leopold: Gestaltheiligkeit im bäuerlichen Arbeitsmythos. Studien zu den Ernteschnittgeräten und ihrer Stellung im europäischen Volksglauben und Volksbrauch. Wien 1952.

Schmidt-Wiegand, Ruth: Neue Ansätze im Bereich »Wörter und Sachen«. In: Geschichte der Alltagskultur. (Hg.) Günter Wiegelmann. Münster 1980, S. 87–103.

Schönhagen, Benigna: Nationalsozialismus in Tübingen. Vorbei und Vergessen. Katalog zur Ausstellung. Tübingen 1992.

Schulz, Walter: Neue Wege und Ziele in der Philosophie. In: Universitas. Zeitschrift für Wissenschaft, Kunst und Literatur. 17. Jahrgang. Heft 10. Sonderdruck. Stuttgart 1962, S. 1075–1094.

LITERATURVERZEICHNIS

Silberzahn-Jandt, Gudrun: Die Allgegenwart des Mülls. Ansätze zu einer geschlechtsspezifischen Ethnographie von Müll und Abfall. In: Zs. f. Volkskunde 92/1996, S. 48–65.

Steffen, Dagmar: Welche Dinge braucht der Mensch? Hintergründe, Folgen und Perspektiven der heutigen Alltagskultur. Katalogbuch zur gleichnamigen Ausstellung. Im Auftrag des Deutschen Werkbundes Hessen. Gießen 1995.

Straub, Jürgen: Zeit, Erzählung, Interpretation. Zur Konstruktion und Analyse von Erzähltexten in der narrativen Biographieforschung. In: Biographie als Geschichte. (Hg.) Hedwig Röckelein. Tübingen 1993, S.143–183.

Thompson, Michael: Die Theorie des Abfalls. Über die Schaffung und Vernichtung von Werten. Stuttgart 1981.

Verdier, Yvonne: Drei Frauen. Das Leben auf dem Dorf. Stuttgart 1982.

Vovelle, Michel: Serielle Geschichte oder »case studies«: ein wirkliches oder nur ein Schein-Dilemma? In: Mentalitäten Geschichte. Zur historischen Rekonstruktion geistiger Prozesse. (Hg.) Ulrich Raulff. Berlin 1987, S. 114–126.

Warneken, Bernd Jürgen: Populare Autobiographik. Empirische Studien zu einer Quellengattung der Alltagsgeschichtsforschung. Tübingen 1985.

Weber, Therese: Religion in Lebensgeschichten. In: Religion und Alltag: interdisziplinäre Beiträge zu einer Sozialgeschichte des Katholizismus in lebensgeschichtlichen Aufzeichnungen. (Hg.) Andreas Heller u. a. Wien, Köln, Böhlau 1990, S. 9–27.

Wiebel-Fanderl, Olivia: Frömmigkeit zwischen Anpassung und Eigensinn. Ein Beitrag zur Definition von Volksfrömmigkeit im Spiegel lebensgeschichtlicher Aufzeichnungen. In: Individuum und Frömmigkeit. (Hg.) Ruth-E. Mohrmann. Münster, New York, München, Berlin 1997, S. 25–39.

Wiegelmann, Günter (Hg.): Geschichte der Alltagskultur. Münster 1980.

Wörter und Sachen: Zeitschrift für Indogermanische Sprachwissenschaft, Volksforschung und Kulturgeschichte.

Wörterbuch der deutschen Volkskunde. 3. Auflage Stuttgart 1996 (1974).

Anmerkungen

1 Wenn ich Elsa Saile »nur« bei ihrem Vornamen nenne, so geschieht das nicht aus mangelnder Achtung ihr gegenüber, sondern zum einen, weil sie mich von Anfang an selbstverständlich duzte und zum anderen, weil sie in den Gesprächen so genannt wurde und so bekannt ist.
2 Hermann Berner: Grenzüberschreitungen. Katalog zur Ausstellung des Heimatmuseums Mössingen vom 10.3 bis 13.10.1996 im Alten Rathaus Mössingen. Mössingen 1996.
3 Die Tatsache, dass Elsa beinahe ohne persönliche Gegenstände im Altenheim lebte, ihre religiösen Gegenstände wie auch ihre persönliche Kleidung aber in Kisten verpackt im Archiv lagern, empfand ich als sehr befremdlich. Dieser irritierende Umstand, der den Eindruck erweckt, dass hier ein Mensch bereits zu Lebzeiten musealisiert wird, entsteht nicht zuletzt dadurch, dass der Zustand ohne Elsas Wissen, geschweige denn durch ihre Einwilligung zustande kam. Denn nachdem sie ins Altersheim gebracht war, wurde ihr Haus verkauft und ausgeräumt. Der größte Teil wurde weggeschafft oder verbrannt, ein Teil kam zum Glück in das Heimatmuseum in Mössingen. Es war mir jedesmal sehr peinlich, wenn Elsa mich nach ihrem Haus und ihren Gegenständen fragte.
4 Jede wörtliche Rede ist in »...« und kursiv gehalten. Die Gesprächsprotokolle habe ich nicht in Anführungszeichen gesetzt, da sie mit meinen Worten nacherzählt sind und nur zum Teil wortwörtliche Einsprengel haben. Meine Fragen stehen in {...}. Wechselt in manchen Interviewabschnitten, besonders in denjenigen von Frau R., Dialekt mit Schriftsprache, so geht dies auf die Sprecherin zurück. Der Gebrauch von gerade stehenden, runden Klammern (...) kennzeichnet meine Auslassungen und Anmerkungen.
5 Konrad Köstlin: Exotismus des Nahen: das Abenteuer der Nähe. In: Utz Jeggle/ Freddy Raphael (Hg.): Kleiner Grenzverkehr: deutsch-französische Kulturanalyse. Paris 1997, S. 40–41.
6 Das soll nicht heißen, dass Elsas Geschichte als diffuser Nachklang einer ver-

ANMERKUNGEN

lorenen Welt, als romantisches Heraufbeschwören der »guten alten Zeit« gesehen werden soll, sondern dass am Vergangenen das Gegenwärtige vergleichend gemessen werden kann.

7 Die 100 Jahre der Marie Frech. Ein Fellbacher Frauenleben zwischen Pietismus und Eigensinn. Fellbach 1996.
8 Maria Bidlingmaier: Die Bäuerin in zwei Gemeinden Württembergs. Diss. Tübingen 1917. 2. Auflage mit einem Nachwort von Christel Köhle-Hezinger. Kirchheim/Teck 1990.
9 Eine Auswahl weiterer Biografien: Ulla Lachauer: Paradiesstraße. Lebenserinnerungen der ostpreußischen Bäuerin Lena Grigoleit. Hamburg 1996. Frieder Müller: Wilhelms Wende. Eine Erzählung aus dem Unterland. Erdmannhausen 1996. Yvonne Verdier: Drei Frauen – das Leben auf dem Dorf. Stuttgart 1982.
10 Der Name Beuren. Von M. Walter. 22.11.1948. Archiv der Hohenzollerischen Heimat-Bücherei Hechingen. K 481 XXXI.
11 Beurener Flurnamen. Von M. Walter. 22.11.1948. Archiv der Hohenzollerischen Heimat-Bücherei Hechingen. K 481 VII.
12 Ebd.
13 Beurener Geschichte(n). Auszüge aus den Orts- und Schulchroniken von Beuren bei Hechingen 1867–1945. Bearbeitet von Thomas Jauch. Hechingen 1996, S. 18.
14 Ebd., S. 17.
15 Ebd., S. 43.
16 Siehe auch: Hausgewerbe und Hausierhandel im Killertal. In: Hohenzollern. Landeszentrale für politische Bildung Baden-Württemberg. (Hg.) Fritz Kallenberg. Stuttgart 1996, S. 333.
17 Beurener Geschichte(n), S. 42.
18 Zusammengestellt aus den: Beurener Geschichte(n), S. 27–31.
19 Die Familienstammbücher konnte ich nicht ausfindig machen, deshalb bleiben manche Fakten und Zusammenhänge unklar, dem hauptsächlichen Anliegen jedoch, der Beschreibung der Familienverhältnisse, aus denen die beiden Elternteile kommen, tut dies, denke ich, keinen Abbruch.
20 Beurener Geschichte(n), S. 17.
21 Ebd., S. 24.
22 Wenn nicht ausdrücklich gesagt wird, wer spricht, sind es die zwei Frauen aus Beuren, Frau N. und Frau B.
23 Beurener Geschichte(n), S. 23.

ANMERKUNGEN

24 Deutlich wird dies ebenfalls in »Fotografien über Elsa« und im Kapitel »Die Botengängerin«.
25 Berner: Grenzüberschreitungen, S. 6.
26 Die Bezeichnung Interview trifft bei dem aufgenommenen Gespräch mit Elsa eigentlich nicht zu, da es eine von ihr vorgegebene und bestimmte Erzählung ist.
27 Die Kreisbildstelle Tübingen versuchte einen Videofilm über Elsa zu drehen. Er war bereits der fünfte in einem Projekt, das aussterbende Berufe filmisch festhalten möchte.
28 Zuvor erzählte ich ihr natürlich, dass ich aus Tübingen komme und eine Magisterarbeit über ihr Leben als Botin schreiben möchte. Verständlicherweise konnte sie damit allerdings nichts anfangen.
29 Ich denke hierbei zum Beispiel an die Prozesse des Bewußtwerdens, der Stärkung, einer Person oder einer Gemeinschaft, welche sich über Vergleiche mit »Anderen«, mit einer »Anderen« vollziehen: »Ich bin, wir sind« im Gegensatz zum Sein der »Anderen« oder einer »Anderen«.
30 Siehe: Utz Jeggle: Kiebingen – eine Heimatgeschichte: Zum Prozeß der Zivilisation in einem schwäbischen Dorf. Tübingen 1977.
31 Die Aufschriebe auf den Zetteln können nachgeschlagen werden unter »Die Beschriftung der Dinge«.
32 Berner: Grenzüberschreitungen. Katalog zur Ausstellung des Heimatmuseums Mössingen vom 10.3. bis 13.10.1996 im Alten Rathaus. Mössingen 1996. Die »Beuremer Elsa«, wie sie genannt wurde, führte in das Thema und die Ausstellung ein. Von ihr sind mehrere Photos im Katalog abgebildet, die ich mit Elsa anschaute.
33 Ruth und Lenz Kriss-Rettenbeck: Reliquie und ornamenta ecclesiae im Symbolkosmos der Kirche. In: Ornamenta Ecclesiae. Kunst und Künstler der Romanik. Sonderdruck aus dem Katalog zur Ausstellung des Schnütgen-Museums in der Josef-Haubrich-Kunsthalle. Köln 1985, S. 19.
34 Eine ausführliche Beschreibung befindet sich im Anhang.
35 Bidlingmaier: Die Bäuerin in zwei Gemeinden Württembergs, S. 126.
36 Andrea Hauser: Dinge des Alltags. Studien zur historischen Sachkultur eines schwäbischen Dorfes. Tübingen 1994, S. 285.
37 Ebd., S. 295.
38 Vgl. ebd., S. 294–295.
39 Olivia Wiebel-Fanderl: Frömmigkeit zwischen Anpassung und Eigensinn. Ein Beitrag zur Definition von Volksfrömmigkeit im Spiegel lebensgeschicht-

licher Aufzeichnungen. In: Individuum und Frömmigkeit: volkskundliche Studien zum 19. und 20. Jahrhundert. (Hg.) Ruth-E. Mohrmann. Münster, New York, München, Berlin 1997.

40   In dem etwas über einer Stunde dauernden Interview flicht sie 22-mal in das Gespräch ein, wer alles »gestorben ist« bzw. »nicht mehr lebt«. Dabei meint sie siebenmal sich selbst.

41   Schnaps, Most und Bier habe sie gerne getrunken und gerne wurde Elsa dazu aufgefordert, so wurde mir von mehreren Seiten erzählt. Alkohol und Visionen, da findet schnell eine gedankliche Annäherung statt. Jedoch muss bedacht werden, dass Rauschzustände nicht nur bewusstseinserweiternd, oder gar geheimnisvoll sein können, sondern, dass sie alltäglichere Bezüge haben können, nämlich physische und psychische Anstrengungen für Augenblicke mildern helfen, was bei Elsa ebenso nahe liegt. Nur das Erwachen war für sie oft genug schlimm. Siehe dazu: Utz Jeggle: Alkohol und Industrialisierung. In: Rausch – Ekstase – Mystik. Grenzformen religiöser Erfahrung. Hrsg. Hubert Cancik. Düsseldorf 1978.

42   Siehe bei: Christel Köhle-Hezinger: Philipp Matthäus Hahn und die Frauen. In: Philipp Matthäus Hahn 1739–1790. Ausstellung des Württembergischen Landesmuseums Stuttgart. Stuttgart 1989. Weiterhin: Martin Scharfe: Die Religion des Volkes. Kleine Kultur- und Sozialgeschichte des Pietismus. Gütersloh 1980.

43   Handwörterbuch des deutschen Aberglaubens. Band 7, S. 343.
Weiterhin steht im Handwörterbuch des deutschen Aberglaubens. Band 8, S. 1251f. unter dem Stichwort »übernatürlich«: »*Der primitive Mensch lebt in der nie bezweifelten Überzeugung, dass neben ›dieser‹ Welt der normalen Erfahrung, sie durchdringend und durchwirkend, es noch eine andere Welt gibt, die Welt der ›Übernatur‹ oder der ›Vornatur‹, die mythische Welt. (...) Das ist eine Welt, in der es nicht unsere Zeitordnungen gibt, die große mythische Zeit der Primitiven ist ›die Zeit einer Periode, wo es noch keine Zeit gab‹. Es ist eine Welt, wo ›jederzeit alles geschehen kann‹, eine Welt, der nicht die Attribute von Ordnung und Überordnung zukommen wie der natürlichen. (...) Ihm ist das Übernatürliche räumlich, zeitlich und psychisch nah; (...) So durchdringt sich für den Primitiven der Bereich beider Welten. Aber nicht nur im Ausnahmefall, nicht nur im Außergewöhnlichen, sondern beständig und gewissermaßen natürlicherweise.*«
Diese Definition trifft meiner Ansicht nach auf Elsa zu. Allerdings wird, im Gegensatz zum Eingangszitat von Kriss-Rettenbeck, eine Wertung vorge-

ANMERKUNGEN

nommen. Es wird »dem Primitiven« zugeordnet und damit abgewertet und aus unserem Kulturkreis ausgeschlossen.

44 W. H. Riehl: Einleitung. Handwerksgeheimnisse des Volksstudiums, S. 3. Aus: Die Naturgeschichte des Volkes als Grundlage einer deutschen Sozialpolitik. Vierter Band: Wanderbuch als zweiter Teil zu »Land und Leute«. Stuttgart, Berlin 1925. (5. Auflage).
45 Hohenz. Zeitung »Die Beuremer Elsa wird Symbolfigur« vom 10.04.1996.
46 Als Vorlage diente mir der eingezeichnete Weg aus »Grenzüberschreitungen«. Allerdings stellte ich fest, dass auf alten Karten ein Pfad von Beuren nach Belsen eingezeichnet ist, der wiederum anders verlief.
47 Frau F. aus Belsen.
48 Frau N. aus Beuren.
49 Frau B. aus Beuren.
50 Frau B. aus Beuren.
51 Luftlinie sind es von Beuren nach Gammertingen ca. 22 km, nach Haigerloch ca. 16 km.
52 Beschreibung des Oberamts Rottenburg. Herausgegeben von dem K. Statistischen Landesamt. Erster Teil. Stuttgart 1899, S. 247.
53 Ebd., S. 242.
54 Beschreibung des Oberamts Rottenburg. Herausgegeben von dem K. Statistischen Landesamt. Zweiter Teil. Stuttgart 1900, S. 250.
55 Die Kreisbildstelle Tübingen versuchte einen Videofilm über Elsa zu drehen. Er war bereits der fünfte in einem Projekt, das aussterbende Berufe filmisch festhalten möchte. Elsa war zu dieser Zeit jedoch bereits ein Jahr im Altenheim und wurde für die Filmaufnahmen zu verschiedenen Handwerkern gebracht, was auf beiden Seiten anscheinend Befremdung hervorrief.
56 Otto Lauffer: Der laufende Bote im Nachrichtenwesen der früheren Jahrhunderte. Sein Amt, seine Ausstattung und seine Dienstleistungen. In: Beiträge zur deutschen Volks- und Altertumskunde. (Hg.) Walter Hävernick. Hamburg 1954, S. 51.
57 Ebd., S. 23.
58 Oberamtsbeschreibungen wurden nur in Württemberg erstellt, deshalb gibt es keine über Hechingen oder Beuren. Somit musste ich auf andere Oberamtsbeschreibungen zurückgreifen, in denen sich die Strukturen vergleichen lassen.
59 Beschreibung des Oberamts Riedlingen. Herausgegeben vom Württ. Statistischen Landesamt. Zweite Bearbeitung. Stuttgart 1923, S. 793.

60 Beschreibung des Oberamts Rottenburg. Herausgegeben von dem K. Statistischen Landesamt. Erster Teil. Stuttgart 1899, S. 247.
61 Beschreibung des Oberamts Rottenburg. Herausgegeben von dem K. Statistischen Landesamt. Zweiter Teil. Stuttgart 1900, S. 251.
62 Ebd., S. 349.
63 Lauffer: Der laufende Bote im Nachrichtenwesen der früheren Jahrhunderte, S. 25.
64 Ebd., S. 50.
65 Aus: Hannah Arendt: Vita activa oder Vom tätigen Leben. München 1981, S. 125.
66 »Sammeln« hingegen kann unterschiedlich verstanden werden. Einmal, was auf Elsa nicht zutrifft, Sammeln, das nach Werten und Regeln funktioniert, die von anderen aufgestellt wurden, wie z. B. Briefmarken sammeln und somit nur eine bestimmte Art von Gegenstand betrifft. Oder Sammeln im übertragenen Sinn, »seine Gedanken sammeln«, was wiederum eine passende Metapher für Elsas Auflesen der unterschiedlichsten Gegenstände ist. Allerdings, und auch hier wird die dünne Grenze zu dem, was als verrückt gilt, wieder sichtbar, wird diese Art von Elsas Sammeln als krankhaft bezeichnet: »*Sammeltrieb, krankhafte Neigung, Gegenstände ohne praktischen Bedarf zu sammeln und anzuhäufen; v. a. als Symptom bei Schwachsinn und degenerativen Hirnstörungen (...)*« Was alles unter »Schwachsinn« fallen kann, wird uns im letzten Kapitel noch einmal beschäftigen! In: dtv-Lexikon in 20 Bänden, Band 16, Mannheim 1990 (1982), S. 32.
67 Gottfried Korff: Einleitung – Notizen zur Dingbedeutsamkeit. In: 13 Dinge. Form Funktion Bedeutung. Katalog zur gleichnamigen Ausstellung im Museum für Volkskultur in Württemberg. Waldenbuch Schloß vom 3. Oktober 1992 bis 28. Februar 1993. Stuttgart 1992, S. 9.
68 Siehe ebd., S. 8.
69 Arendt: Vita activa oder Vom tätigen Leben, S. 25.
70 Die 100 Jahre der Marie Frech. Ein Fellbacher Frauenleben zwischen Pietismus und Eigensinn. Fellbach 1996 (= Fellbacher Hefte Band 4).
71 Ludolf Kuchenbuch zeigte mit seiner Stichwortgeschichte des Abfalls, dass die Bezeichnung »Abfall« eine kurze, ungefähr 250 Jahre alte Sinngeschichte hinter sich hat. »Abfall« bedeutete noch Anfang des 18. Jh. hauptsächlich »Abfall von Gott« bzw. die Lossagung von den gegebenen politischen Verhältnissen, »Abfall vom Staat«. Die 60er und 70er Jahre bezeichnet Ludolf Kuchenbuch *»als die Periode des ungehemmten Abfallwachstums und der*

ANMERKUNGEN

unbedachten Abfallbeseitigungseuphorie.« Er schlussfolgert: *»Die gegenwärtigen Verhältnisse qualifizieren den Abfall bzw. die »Abfallbeseitigung« als eines der »Schlüsselwörter« unserer Zeit.«* Aus: Kuchenbuch, Ludolf: Abfall, eine stichwortgeschichtliche Erkundung. In: Kultur und Alltag. Soziale Welt. Sonderband 6. (Hg.) Hans-Georg Soeffner. Göttingen 1988, S. 155-170.

72 Der Ab-fall des Körpers, unter dem Stichwort Dreckapotheke im »Wörterbuch der deutschen Volkskunde« zu finden, wurde in der Antike und zum Teil noch bis in unser Jahrhundert hinein in der Volksmedizin angewendet. Schweiß, Kot, Harn, Menstruatinonsblut usw. galten als Heilmittel. Wörterbuch der deutschen Volkskunde. Stuttgart 1996 (1974). Siehe auch: John Gregory Bourke: Der Unrat in Sitte, Brauch, Glauben und Gewohnheitsrecht der Völker. Frankfurt/M. 1996 (1913).

73 *»Wir bemerken Abfall nur, wenn er sich am falschen Ort befindet.«* Michael Thompson: Die Theorie des Abfalls: über die Schaffung und Vernichtung von Werten. Stuttgart 1981, S. 137.

74 Die Grenzen sind fein gezogen, was als »vernünftiges Handeln« und was als »unvernünftiges« gilt. Geht Elsa ihrem eigenen Verständnis von Ordnung nach, so befindet sie sich sowohl im anerkannten Bereich als auch im geächteten. Diese Gratwanderung zeichnet ihr Leben aus, davon ist sie gezeichnet. Dies hat sie am eigenen Leib zu spüren bekommen. Anerkennung findet vielleicht noch das unentgeltliche Auflesen von Abfall. Aber jede »vernünftige BürgerIn« entsorgt ihn in den dazu vorgesehenen Behältnissen: im »Gelben Sack« oder der Restmülltonne. Wo die Müllberge verschwinden, verkauft, verscharrt werden, braucht nicht mehr zu interessieren. Polemisierend ist entsorgt gleich versorgt gleich sorgenfrei. Hingegen Abfall, den andere verursacht haben als immer präsente und anwachsende Masse im Hause zu haben, gilt als verrückt. Das bestätigte die Beurenerin auf meine Nachfrage, warum Elsa die Sachen aufgelesen hat: *»Weil se id reacht isch, kann i mir denka.«* Nicht das System des Abfallproduzierens wird angegriffen, das ist zugegebenermaßen auch schwierig, weil nicht einzelne Personen greifbar sind, sondern Elsa als ungeschützte Einzelperson und das von ihr indirekt erstellte »Mahnmal des Abfalls«.

75 Hermann Berner, dem Leiter des Heimatmuseums in Mössingen, ist es zu verdanken, dass es noch Dinge von Elsa gibt.

76 Siehe: Sigfried Giedion: Die Herrschaft der Mechanisierung. Ein Beitrag zur anonymen Geschichte. (Mechanization Takes Command. Oxford 1948)

ANMERKUNGEN

Frankfurt/Main 1982. Giedion zeigt, wie selbst das Töten der Tiere mechanisiert wurde.
77 »*Marx redet wie Hegel von der Entäußerung. Für Hegel und für Marx ist der Mensch ein Wesen, das sich in seinem Denken und überhaupt in seiner Tätigkeit so äußert, dass er seine Gedanken und seine Taten als objektive welthaft bestimmende Gestaltungen aus sich entläßt. Aber während Hegel glaubt, dass alle diese Äußerungen sich zu einer sinnvollen Ordnung zusammenschließen, erklärt Marx, die Entäußerung schlägt um in reale Entfremdung. Im konkreten Beispiel: wenn der Mensch materiell tätig ist, d. h. auf technischem Wege Gegenstände produziert, so ist er dieser Gegenstände ganz und gar nicht mehr Herr, denn diese Gegenstände werden in der modernen Gesellschaft in Fabriken hergestellt und als Waren verkauft. Der Fetischcharakter der Ware: dies Wort besagt, dass das, was der Mensch herstellt, nun zu einer eigenmächtigen Wirklichkeit wird, und die Unversöhntheit der Welt bedeutet, dass nun dem Menschen eine Welt von Gegenständen entgegentritt, die als Waren einen Prozeß einleiten, der dann seinerseits die Menschen selbst auseinanderreißt (...)*« Walter Schulz: Neue Wege und Ziele in der Philosophie. In: Universitas. Zeitschrift für Wissenschaft, Kunst und Literatur. 17. Jahrgang. Heft 10. Sonderdruck. Stuttgart 1962, S. 1077.
78 Theodor M. Bardmann: Wenn aus Arbeit Abfall wird. Überlegungen zur Umorientierung der industriesoziologischen Sichtweise. In: Zeitschrift für Soziologie 19/1990, S. 189.
79 Edith Fél, Tamás Hofer: Geräte der Atányer Bauern. Kopenhagen 1974, S. 349. In ihrem Kapitel »›Stoffwechsel‹ der Ausrüstung« berichtet ein ungarischer Bauer: »*Wir verwenden jedes Lumpenstück; aus unseren schlechten Kleidern machen die Frauen Fleckenmatten für die Pferdedecken. (...) Ist eine Decke verschlissen, ist sie noch gut zum Abreiben der Pferde oder um sich die Stiefel damit abzuputzen; und wenn das Stück schon zu nichts mehr taugt, kommt der Lumpensammler und kauft es.*«
Weiterhin T. Hofer: Gegenstände in dörflichem und städtischem Milieu. Zu einigen Grundfragen der mikroanalytischen Sachforschung, S. 120. »*Die größtenteils mit der Hand angefertigten Gegenstände, die die Archäologen sowie die uns vorangegangenen Generationen von Ethnographen untersuchten, endeten im allgemeinen mit dem ›natürlichen Tod‹, sie konnten also ihre potentiellen Lebensbahnen vollenden. Die eingehende Untersuchung der Atányer Geräte zeigte übrigens, daß vor Einführung der gusseisernen Geräte die Sachlebensbahnen keinerlei Abfälle zurückließen, sämtliches organische Material*

ANMERKUNGEN

(Holz, Seil, Sack, Leder, usw.) kam als Asche oder als Dünger auf den Acker, die schmiedeeisernen Gegenstände wurden umgeschmiedet und wieder verwendet.«

80 Einen Überblick über die »Sachkulturforschung in der Volkskunde« gibt Andrea Hauser in dem Kapitel »Zeugnisse von Sachen – Sachkulturforschung in der Volkskunde«. Dies.: Dinge des Alltags. Studien zur Sachkultur eines schwäbischen Dorfes. Tübingen 1994.
81 Berner aus Mössingen. Als ich Elsas Rucksack genauer anschaute, fand ich noch zwei weitere Zettel. Diese sind im Kapitel »Elsas letzter Rucksack« abgedruckt.
82 Im Anhang befindet sich die genaue Beschreibung der »Rückseiten« der Zettel.
83 Vgl.: Wörterbuch der deutschen Volkskunde. Stuttgart 1996 (1974), S. 93.
84 Auch heute haben »Notizzettel« in etwa die Formate, die auch Elsa bevorzugte. Ansonsten haben sie wenig mit denen von Elsa gemeinsam. Vorgefertigt und spezialisiert für den jeweiligen Zweck sind sie zu kaufen. Auch hier ist wieder zu erkennen, dass Alltägliches präziser und spezialisierter, aber auch unpersönlicher wird. Elsa musste ihre Zettel auflesen und die Papiere zuerst auseinanderfalten und glattstreichen, bevor sie sie beschreiben konnte.
85 Utz Jeggle: Vom Umgang mit Sachen. In: Umgang mit Sachen. Zur Kulturgeschichte des Dinggebrauchs. Volkskundekongreß Regensburg 1981. (Hg.) Konrad Köstlin, Hermann Bausinger. Regensburger Schriften zur Volkskunde, Band 1, S. 14.
86 Frau R. aus Hechingen.
87 Vgl. Wörterbuch der deutschen Volkskunde. Dritte Auflag. Stuttgart 1996. Stichwort Fasnacht S. 198–205.
88 *»Im Karnevalsmodell wird ein neuer, anderer Mensch entworfen. Es enthält die Idee eines Menschen, der der Industrialisierung trotzt, noch nicht ver-industrialisiert ist, und der sich, gewissermaßen vorindustriell wild gebärdend, einmal im Jahr den Zwängen der Gesellschaft entziehen kann. Die Interpretation der in ›Urzeiten‹ hinabreichenden Fasnacht liefert eine Geschichte von der Freiheit und Wildheit der Menschen, von deren Nonkonformität, von deren Weigerung, sich einsperren zu lassen, vom Widerstand gegen die Vereinnahmung.«* Köstlin, Exotismus des Nahen, S. 42.
89 C. Köhle-Hezinger: »Ich heiße Frech, bin aber nicht frech!« Nachdenken über eine schwäbische Biografie. In: Die 100 Jahre der Marie Frech, S. 15–16.
90 Herr B. aus Beuren.

91 Siehe auch: Nationalsozialismus im Landkreis Tübingen. Eine Heimatkunde. Ein Projekt des Ludwig-Uhland-Instituts für empirische Kulturwissenschaft der Universität Tübingen unter Leitung von Utz Jeggle. Tübingen 1988, S. 296.
92 Vgl. Gabriel Richter: »Euthanasie« im Dritten Reich am Beispiel Hohenzollern. In: Verblendung, Mord und Widerstand. Aspekte nationalsozialistischer Unrechtsherrschaft im Gebiet des heutigen Zollernalbkreises von 1933-1945. (Hg.) Zollernalbkreis Jugendring e. V. und Zollernalbkreis. Hechingen 1995, S. 43.
93 Ulrich Morlock: Nationalsozialistische Medizin – Das Beispiel der Zwangssterilisationen in Tübingen. In: Benigna Schönhagen: Nationalsozialismus in Tübingen. Vorbei und Vergessen. Katalog zur Ausstellung. Tübingen 1992, S. 94.
94 Ebd., S. 99.
95 Ebd., S. 94.
96 Vgl. Tübinger Tagblatt: »In die NS-Politik verstrickt« vom 18.11.1994.
97 Vgl. Morlock: Nationalsozialistische Medizin – Das Beispiel der Zwangssterilisationen in Tübingen, S. 96–99.
98 Ebd., S. 101.
99 Paul Sauer: Verbrechen am »lebensunwerten Leben«; Bevölkerungspolitik. In: Württemberg in der Zeit des Nationalsozialismus. Ulm 1975, S. 407.
100 Vgl. ebd., S. 408.
101 Richter: »Euthanasie« im Dritten Reich am Beispiel Hohenzollern, S. 46–47.
102 Nationalsozialismus im Landkreis Tübingen. Eine Heimatkunde, S. 294.
103 Richter: »Euthanasie« im Dritten Reich am Beispiel Hohenzollern, S. 42.
104 Morlock: Nationalsozialistische Medizin – Das Beispiel der Zwangssterilisationen in Tübingen, S. 97.
105 Gisela Bock: Zwangssterilisationen im Nationalsozialismus. Studien zur Rassenpolitik und Frauenpolitik. Opladen 1986, S. 380.
106 Ebd., S. 369.
107 Gabriele Czarnowski: Das kontrollierte Paar: Ehe- und Sexualpolitik im Nationalsozialismus. Weinheim 1991, S. 236.
108 Bock: Zwangssterilisationen im Nationalsozialismus. Studien zur Rassenpolitik und Frauenpolitik, S. 410–415.
109 Gerade bei Dienstmädchen, Fabrikarbeiterinnen und ledigen Müttern wurde Schwachsinn diagnostiziert, um sie zwangssterilisieren zu können.
110 Bock: Zwangssterilisationen im Nationalsozialismus. Studien zur Rassenpolitik und Frauenpolitik, S. 414.

ANMERKUNGEN

111 Ebd., S. 393.
112 Ebd., S. 401.
113 Ebd., S. 400.
114 Herr V. erzählte: Im Schützen in Hechingen hätten Bauarbeiter der Elsa Biere und Schnäpse spendiert und »*sie nimmt doch alles an, wie ein Kind*«, danach sei sie betrunken auf der Straße gelegen und die hätten sich nicht mehr um sie gekümmert. Da wäre sie beinahe von so jungen Kerlen angefahren worden. Die haben sie ins Krankenhaus gebracht und von da aus habe man ihn angerufen. Er habe sie dann geholt und schon von weitem singen gehört, sie habe nur ein paar Kratzer gehabt. Dann sei er zum Wirt hin und habe zu ihm gesagt, dass das ja nie wieder vorkommt und er fände das eine Sauerei, sie einfach betrunken zu machen und sich zudem nicht mehr um sie zu kümmern.
115 Im Vergleich mit den Stasi-Akten im »Osten«, die schnellstmöglich und für alle zugänglich gemacht wurden, ist es schon verwunderlich, wie stark im »Westen« die Bedenken des Datenschutzes sind, wenn es um die NS-Vergangenheit geht!
116 Morlock: Nationalsozialistische Medizin – Das Beispiel der Zwangssterilisationen in Tübingen, S. 101.
117 Schwäbisches Tagblatt: »Nazi-Opfer wollen Rehabilitation« vom 1.2.1995.
118 Schwäbisches Tagblatt: »Kampf um Rehabilitierung« vom 7.4.1994.
119 Zitiert nach Carlo Ginzburg; Carlo Poni: Was ist Mikrogeschichte? In: Geschichtswerkstatt 6 (1985), S. 48–52. Nicht nur Ginzburg: Der Käse und die Würmer. Die Welt eines Müllers um 1600. Frankfurt/Main 1979, sondern auch »*die ›Case studies‹ anderer Sozialanthropologen, etwa Robert Darntons, Natalie Zemon Davis', Emmanuel LeRoy Laduries sind sämtlich Kriminalakten entnommen, zeigen also explizit nicht die Norm und das kollektive Muster, sondern die Abweichung, den untypischen, nicht-repräsentativen Einzelfall.*«
120 Der Terminus »Code« entspricht einem »*Regelkanon, der die Gesetzmäßigkeiten eines Systems von Zeichenelementen und ihren Relationen garantiert, und von dessen Beherrschung die erfolgreiche Verständigung abhängig ist.*« Aleida Assmann: Die Legitimität der Fiktion. Ein Beitrag zur Geschichte der literarischen Kommunikation. München 1980, S. 54.
121 Siehe dazu: Peter Berger, Thomas Luckmann: Die gesellschaftliche Konstruktion der Wirklichkeit. Eine Theorie der Wissenssoziologie. Frankfurt/Main 1980.
122 »*Der bequeme, letztlich jedoch ziemlich unangemessene Begriff ›Naive‹ unterstützte für mich nur anfänglich die Reflexion über die ›inspirés‹, wie André*

Breton sie einmal genannt hat, d. h. jene, die eines Tages das Schweigen, zu dem man sie verdammt glaubte, brachen, um eine Botschaft, ihre Botschaft zu Gehör zu bringen, schriftlich oder in anderer, weniger konventioneller Form. Dieser Schrei beleuchtet, gerade weil er die Normalität überschreitet, die verborgenen Seiten dieser Normalität und enthüllt im Grenzfall ganze Bereiche einer Realität, die sonst unbekannt geblieben wäre. Dieses Zeugnis ist nicht nur unersetzlich, weil es ganze Milieus ans Tageslicht bringt, sondern weil es uns den Blick auf bestimmte historische Augenblicke freigibt: auf die Bruchstellen in der monolithischen Masse der Lebensgeschichten, jener scheinbar unbewegten Chroniken zeitloser individueller Schicksale.« Michel Vovelle: Serielle Geschichte oder »case studies«: ein wirkliches oder nur ein Schein-Dilemma? In: Mentalitäten Geschichte. Zur historischen Rekonstruktion geistiger Prozesse. (Hg.) Ulrich Raulff. Berlin 1987, S. 124.

123 Interessant ist hierbei ein Vergleich mit einer Unterscheidung, die Aleida Assmann zwischen sprachlichen Zeichen und literarischen Zeichen vornimmt. Das literarische Zeichen ist ein komplexes sekundäres, das auf den primären Wortbedeutungen und ihren grammatischen Relationen aufbaut. Die beiden sprachlichen Codes müssen getrennt werden, um eine Verständigung möglich zu machen. Werden sie unzulänglich, sprich unausgesprochen vermischt, entsteht eine Verwirrung von unterschiedlichen Ausdrucks-Inhalts-Korrelationen.